JN210019

インスピリエンス

解き放たれた瞑想

リチャード・L・ハイト 著
上島香代子 訳

ナチュラルスピリット

INSPIRIENCE
by Richard L. Haight

Copyright © 2017 by Richard L. Haight

Japanese translation published by arrangement
with Richard L. Haight
c/o Hershman Rights Management LLC
through The English Agency (Japan) Ltd.

大東流合気柔術 光道 一刻館　館長大崎司善師範の書　2012 年 7 月

目次

はじめに

最初に、私はこの本を書く真の動機を打ち明けなければなりません。瞑想について教えることよりも何よりも、私の狙いは読者のみなさんを、心の中の声、つまり「私には覚醒する準備ができていない」という想いから解放することなのです。

どんな旅路も、最初の一歩からはじまることを思い出してください。まさに今、一歩を踏み出したなら、あなたは確実に前に進んでいるのです。

人の言葉では言い表わすことのできないほど、あまりにも完璧で愛に満ちた臨在《プレゼンス》、知性、パワーがあります。そして、それはあなたの中にあるのです。

この臨在《プレゼンス》があるところには、いかなる種類の判断もネガティブさもあり得ません。あるのは完璧なゆるしです。なぜなら、そこには無条件の愛があるからです。不調和を認識する能力はありますが、縛り、恐れ、無関心は存在せず、そこにあるのは完全な調和と理解だけです。

この臨在《プレゼンス》は、あなただけのものではありません。あらゆる人や物の中にあります。宇宙全体に広がっています。それはあまりにも美しく、活き活きとした調和に満ちているので、マインドによるどんな目くらましも敵いません。

臨在《プレゼンス》と同調しているとき、私たちはほかのものが存在していないことに気づきます。すべてのものが分かつことのできない一つであり、どんな手段をもってしても、その事実を変えることはできないことに気づくのです。

臨在《プレゼンス》と同調すると、その事実を世界と分かち合いたいと望むのはごく自然なことでしょう。この臨在《プレゼンス》は、あなたの苦しみを解消するだけでなく、世界の苦しみをも解消するのですから。

しかし、この臨在《プレゼンス》について語るにはそれを示すもの、すなわち言葉が必要です。

タオ[註1]、**ブッダ**、**神**といった言葉は、長い時間の中でさまざまな意味合いを持つようになりました。そのため、私はできる限り固定観念のない、新しく、定義されていない言葉を考え出そうと努めました。

この臨在《プレゼンス》はただ「**在る**」ので、私は「**それ**」を「存在性」(存在であること：isness)と呼ぶことにします。

心に留めておいていただきたいのは、存在性というのは、何かもっと深いものを指し示す表示にすぎず、その言葉の中に神聖さがあるわけではないということです。根源的な存在が「在る」、という言い方でさえ正しくありません。

というのは、それが「在る」、そして「無い」ということは、その両方でもあると同時に、そのどちらでもないからです。

こうしたことにより、存在性という言葉で満足するしかありません。その点はお詫びします。

存在性は、この世に生を受けたすべての個人の中心に存在しますが、存在性を直接的に知覚した人は、長い歴史を通じてごくわずかしかいないように思われます。

その体験は非常に刺激的であり、神秘的であり、心を開かせるものなので、体験をしたほとんどの人は、その探究と発見に人生を捧げるようになります。これに関しては、私も例外ではありません。

誰に聞いても、存在性の直接的で意識的な体験は、荘厳であり、非常に恍惚とするものだと言います。存在性の体験は、ほかのあらゆる体験とは著しく異なる性質を持っているため、私はその体験を指し示す新しい言葉を考案しました。

それは、「**インスピリエンス**（inspirience）」です。

インスピリエンスの語源は、inspire（ひらめく）とexperience（体験）です。

私が自分の人生の中心に据えているのは、ほかの人々が存在性に同調できるように手助けし、それが私の人生を変えたように、彼らの人生をも変えはじめるようにすることです。

あなたのような人たちを介して、存在性のインスピリエンスは燎原の火のように広がっていき、今まで生命の流れを堰き止めてきた枯れ木の山を焼き払うことでしょう。

また、インスピリエンスを体験する人の数が増えるにつれて、真実、統合性、そして無条件の愛が表面化してくるでしょう。社会のあらゆるレベルに存在する敵対心、憎しみ、暴力、犯罪、腐敗がしだいに姿を消すでしょう。

そして、人間は地球上のあらゆる生命と一体となって、つながりと目的意識にあふれた啓発された人生を生きることになるのです。

私は、最初の存在性のインスピリエンス以来数十年の間に、人々が存在性をインスピリエンスすることを手助けする数多くのパワフルなツールを見つけました。

本書では、主として瞑想のツールに焦点を当てます。私が掲げるゴールは、あなたのまさに中心に存在するもの、すなわち存在性を明らかにするためのシンプルでパワフルなツールとして、瞑想をどのように活用するのかを明確かつ簡潔にご紹介することです。

もし、あなたが覚醒に至る道の途上で瞑想を実践することに興味があるのなら、ここでお伝えするシンプルでユニークな、そして非常に実用的な方法は、きっとお気に召すことでしょう。

私は、私個人の瞑想の探究の裏側にある、成功、失敗、誤解、修正、そして論理的思考のすべてを本書に組み込もうと努めました。そうすることで、あなたの目覚めのプロセスを促進できたらと思います。人類はもうこれ以上、袋小路をさまよっている余裕はありません。

瞑想の形式のほとんどは、仏教、道教、禅、ヨガの伝統といった東洋の宗教的な実践に起源を持ちます。

しかし、本書でお伝えする瞑想は、伝統に起源を持つものではありません。正式な先生から伝えられたものではなく、私自身の生涯にわたる個人的な瞑想の探究を通じて明らかになったものです。

22歳のときのインスピリエンスのあと、存在性が私の先生になりました。したがって、ここでお伝えすることはすべてその源から直接派生したもの、新しいものであり、伝統の影響を受けていないものです。

ほかの教えとの類似点があるとすれば、それは共通の師である存在性からの教えかもしれません。

瞑想の形式の多くは、健康効果を持つと科学的に証明されています。たとえば、血圧の低下、全般的な心臓の健康増進、ストレス緩和、集中力と記憶力の向上、そして全般にわたる精神的健康の促進などです。

本書の中でお伝えする瞑想を実践すれば、これらとまったく同じ効果を得られることに気づくでしょう。

さらにここでお伝えすることは、あなたが大きな洞察を得て枯れ木を焼き払い、あなたの存在（being）の核心にある存在性に気づくように手助けをしてくれるでしょう。

適切な方法で実践すれば、日常生活――真の目覚めに至る道の中で、あなたはこうした効果のすべてを受け取ることになるのです。

聖パウロが聖書の中で伝えたことは、あなたの身体は寺院である、つまり、あなたの求める英知が身体の中にあるということです。

パウロが彼自身の言葉で実際に何を伝えたかったのか、私には確証を得る術はありませんが、私自身の目覚めのプロセスを通じてわかったことは、身体にはたしかに私たちが探し求める英知があるということです。

もし、身体の中に隠された英知があるのであれば、その英知に至る方法が必要です。その英知への道は、あなたの人生です。あなたの道のガイドとなるのは、あなた自身の身体です。なぜなら、身体は嘘をつかないからです。

身体の中には、計り知れないほど多くの触れられていない情報がありますが、そうした隠された英知に心を開くにしたがって、最終的には目覚めが促されることになるでしょう。

瞑想は、内側に隠された英知を発見する道の途上において、あなたを助けてくれるツールにすぎません。魔法はあなたの中にあり、瞑想の中にはないのです。

本書の中で、私は目覚めや悟りを指し示す一般的ではない用語を使います。教えるという目的上、私がかなりフィットすると感じたのは、「ベールを取る」(unveiling)、「解放する」(unbinding)、または「開放する」(unfolding) という言葉です。

たとえば、「開放」(unfoldment) という言葉は、目覚めを表わすよい比喩です。また、真実はどうであれ、たとえば「在る」(is) という言葉が、あなたの中のもっとも深い場所に書かれているとしましょう。そして、その場所は一枚の新しい紙の中心だとします。

もし、その紙を半分に折ったら、そこに書かれた言葉はどうなるでしょう？　たった一度折っただけでも、私たちはもうその言葉を見失ってしまいます。さらに折り重ねるごとに、真実は私たちの見える範囲から遠ざかってしまいます。

その言葉はまだそこにありますが、私たちの目には届きません。そのうち、私たちはそこに何か価値のあることが書かれていたことすらも忘れ、その紙を勝手気ままに使いはじめるかもしれません。

そこに大きな秘密が書かれていると気づいたら、さらにその紙を折り続けることに意味はありますか？　もちろん、ありません。秘密を知るには、その言葉を覆い隠していた折り重ねのプロセスを逆戻りして、折りめを一つひとつほどいていくことが必要です。

このように、存在性は各個人の核心にありますが、それは深く覆い隠されているのです。「**ベールを取る**」という言葉と「**解放する**」という言葉は、真実を覆っていた、または閉じ込めていた何かがあることを指し示しています。

たとえば、「ベールを取る」という言葉によって、私たちは真実というのは、泥の中に埋もれた光る電球のようなものだとイメージできるかもしれません。光は依然として明るく輝いていますが、あなたの人生の役に立つには泥を取り除く必要があるのです。

「解放する」という言葉は、おそらく目覚めのプロセスを表わすもっとも正確な言葉である一方で、もっとも理解しにくい言葉でもあります。

存在性の「光」が意識の源であると想像してください。意識が間違って使われると、まるで光の周波数が著しく低下するかのようです。

光は間違った状態の周りを取り囲んで、その人の内部で人生を混乱させる不調和を生み出すように歪んでいってしまいます。その人が再び調和の状態に戻るには、もともとの歪みを生み出した間違った状態を正す必要があります。

目覚め、悟り、開放、ベールを取る、解放するといった言葉はすべて、私たちのプロセスを助ける目的を果たすモデルです。それらは、意図された機能を果たすときだけ、役に立つものです。

ですから、こうした言葉があなたを縛ることがないよう、それらに重きをおきすぎないように注意してください。

もし、瞑想がツールであるなら、あなたの身体はガイドであり、あなたの人生は道です。折り畳みとは何でしょうか？　縛るものとは何でしょう？

考え、概念、イデオロギー、偏見、思い込み、感情的習慣、感覚、トラウマ、中毒、パターン、後悔、嘘、恐れ、恐怖症、信念、そしてその他の多くのこと——文字通り、あなたが執着しているすべてのものです。

こうしたものが、あなたの人生の折り畳みや、縛りの部分を構成しています。そして、それらはあなたの中心で見つけてもらうことを待っている、存在性を覆い隠してきたのです。

私たちがしがみついているものは、どれも折り畳みの部分です。瞑想が折り畳みに変わってしまうことを避けるため、ここでは形式よりも原理に焦点を当てたいと思います。

というのは、マインドは危なっかしく形式にしがみつくからです。原理に焦点を当てることにより、形式に縛られることなく、瞑想から最大の効果を得ることができます。

ここでお伝えする瞑想は、あなたの紙に何が書かれているかを教えることはありません。かわりに、それらはあなたが紙を開き、あなたの魂を解放し、あなたが日常生活で存在性を理解する、もっと正確に言えばインスピリエンスすることを助けます。

そして、そうすることであなたの苦しみを終わらせる助けとなります。このようにして、ごく自然な形であなたは世界を照らす光となるのです。

［註1］タオ　道教のこと。儒教、仏教と並び、中国三大宗教のひとつ。

第一部

瞑想の基盤

第一章
瞑想とは何か

12歳のとき、私は空手の稽古で初めて瞑想を体験しました。

稽古がはじまる際、生徒たちは正座して一列に並びます。そして、先生が「瞑想しなさい」と厳しい口調で言います。私たちは数分間、黙って目を閉じました。稽古が終わるときも同じプロセスを繰り返します。

一つだけ問題がありました。このプロセスが一体何なのか、私にはわからなかったということです。何をするべきかわからないまま、私は数分間、ただそこに座っていました。

年齢が上がると、私は「瞑想」の最中に何をするべきなのかたずねることにしました。先生にたずねるのは気が進まなかったので、かわりに年上の生徒に聞きました。一瞬考えたあと、彼は「僕は技を思い描いているよ」と言いました。

私はこのアドバイスに従おうと決めて、自分も技を思い描きました。瞑想について新たな洞察を得るまでは、私は何年もの間このやり方を続けました。

16歳になったとき、私はある女の子とつき合いはじめましたが、彼女が瞑想を実践していることは知りませんでした。

ある晩、彼女があぐらをかいて、目を閉じて座っているところを見つけました。何をしているのかと聞くと、彼女は目を閉じたまま「瞑想しているのよ」と言いました。

どんなやり方で瞑想をしているのか知りたいと思ったので、私はそうたずねました。「背骨を真っすぐに立てて、目を閉じて、穏やかに呼吸することに集中するのよ」と彼女は言いました。

私は彼女の隣に腰を下ろし、同じようにしてみました。驚いたことに、この方法を用いると、穏やかな鋭敏さという矛盾した状態が生み出されたのです。

この二つの性質が並行して作用することに、私はそれまで気がついたことはありませんでした。私は、このやり方を自分の空手の稽古の中に取り入れることに決めました。

約一カ月後、私は母とひどい言い争いを起こしました。今となっては何でそうなったのか思い出せないのですが、私はあまりにイライラしていたので、ほとんどまともに頭が働きませんでした。

口論の最中に家を飛び出し、私は家の農場の裏手にある丘に向かいました。暖かい夏の晩で、太陽がちょうど沈みかけていました。丘の頂上にたどり着くと、私は道端のヤマヨモギの中に分け入り、落ち着いて腰を下ろせそうな小さな空き地を見つけました。

彼女に教わった通り、私はあぐらをかいて、背骨を真っすぐに立てて座りました。瞑想して心を落ち着けようと決めたのです。

下腹部に意識を集中し、呼吸をコントロールしようとしました。ひと息ごとに、私は心を落ち着けるように意図しました。イライラの波がやってくるたびに、私は呼吸を通じて穏やかさを取り戻そうとしました。

しばらくすると、私のマインドは落ち着きはじめました。思考は徐々に明晰になり、批判的ではなくなっていきました。穏やかに呼吸を続けていると、やがて私は自分がとてもリラックスした、内側の広がりの中に浸っていることに気づきました。

否定的な感情はやんでいました。呼吸は続いていましたが、それはまるで宇宙が私を通じて呼吸しているかのようでした。

その不思議な感覚は私の心に刻まれました。目を開けると、あたりは暗くなっていました。1時間近くそこに座っていたに違いありません。

もうネガティブな感情は残っていませんでしたが、穏やかな広がりがとても心地よく、私は瞑想を続けていました。

歩き出したくなったので、立ち上がって数分間歩いていると、ある場所に心が惹かれました。大きなユーカリの木から、約2メートルほどのところにある小さな空き地に腰を下ろして、私は心の旅を再開しました。

ある時点で、私は自分の身体がまるで透明になったかのようになり、周囲の環境と分離していないように感じました。

その後、まもなくして私は左側に引っ張られる感覚を覚えました。意図することなく顔を横に向け、その感覚のほうを見ました。私のいる場所からほんの10メートルほど離れた道に、コヨーテが立っていました。立ち止まって私を見ています。

私たちは互いに目が合いましたが、そこに恐れはなく、穏やかな気持ちだけがありました。コヨーテは私のほうに向けて少し匂いを嗅いだあと、ゆっくりと茂みの中へ去っていき、夜の狩りを再開しました。私はまた目を閉じました——一つも思考は起こりませんでした。

その晩、しばらくすると私の目の前の木に何かが登っている音がしました。私は再び目を開けて低い木枝を見上げると、私の約5メートル上のところで、山猫が狩り場である枝に座っていました。山猫は、人間がごく近くにいることにまったく気づいていないようでした。

私はまた目を閉じました。山猫についての思考は一つもありませんでした。

瞑想がどのくらい続いたのか、お伝えできればいいのですが、時間はまるで消えてしまったかのようでした。起き上がって丘を降りようという気になったとき、私は何の考えもなく立ち上がり、完全に研ぎ澄まされた意識で家に向かいました。

その晩がいかに驚くべきものだったのか、私はあとになってわかりました。夏の晩、腹を立てた十代の少年の匂いがどんなものか想像してみてください。間違いなく、いやな匂いがするでしょう。

動物たちが私の匂いを嗅ぎつけていたことはたしかです。その匂いは、丘全体に広がっていたでしょうし、まして私の座っていた場所は集中的に匂っていたはずです。たいして風も吹いていなかったので、匂いの拡散は最小限だったでしょう。

なぜ、コヨーテは私から逃げようとしなかったのでしょうか？　私は、コヨーテが私を見ているこ とに気づいていました。私は首をめぐらせてコヨーテを見て、互いに目が合ったのです。コヨーテは少しも関心を示していませんでした。

そして、私の目の前の木を山猫が登っていました。山猫が私を見たかどうかはわかりませんが、間違いなく私の匂いがしたはずです。にもかかわらず、それは私がそこにいないかのように振る舞いました。なぜでしょうか？

これらの動物たちが、私についてどう感じていたのか知る術はありませんが、推測することはできます。彼らは私を見ましたが、深い落ち着きを感じ取ったので、単純に脅かされることがなかったのだと思います。

私は自分が正しく瞑想をできている目安として、動物たちの反応を取り入れました。さらに、丘を登るときに私が感じていた不安、苛立ち、駆けめぐるさまざまな想いは、このプロセスの中で完全に変化しました。

私は家に向かって歩きながら、穏やかであり、明晰であり、そして何よりすばらしいと感じていました。この体験から、私は自分の瞑想の実践が正しい方向に向かっているとの確信を得ました。

その後、私は瞑想が自分にとって間違いなく容易なものとなるだろうと思いました。唯一問題だったのは、どんなに努力しても、再び同じ深さにまでたどり着けるように思えなかったことです。

瞑想には常に苦闘がともなうようになり、少しずつ瞑想の時間が短くなり、頻度も少なくなっていきました。

結局、私はこのやり方を完全にやめることにしました。瞑想実践者の間では、苦闘やその後の落胆はよく見られることです。瞑想を活用するには、もっと意図的ではない方法を見つけなければならないと私にはわかっていました。

私が採用していた方法には別の問題もありました。それは目を閉じる必要があるということです。

武道の訓練に真剣に取り組んでいくにつれて、瞑想中に目を閉じることが奇妙に思えるようになりました。目を開けたまま瞑想できるようになるべきではないのか、と疑問に思ったのです。

第二章
武道の瞑想

私の瞑想に進展が見られたのは、それから数カ月後のことです。私の武道の先生が、突きをするときに意識を集中することによって、先生の表現で言えば「内面のエネルギー」を高める方法を教えてくれたときです。

その方法は、火の灯ったローソクを炎に触れることなく、突きによって吹き消すというものでした。「君の気が十分であれば、突きをすることでローソクの火は消えるのだ」と先生は言いました。

このエクササイズのために、私は何カ月もの間、ローソクに火を灯し続けました。突きによって火を吹き消すまでに数週間を要し、いつでもそれができるようになるまでには、さらに数カ月を要しました。

練習を重ねるにつれて、私は徐々に次のように考えるようになりました。ローソクの火を吹き消しているのは当初、私が予想していたように〝気〟ではなく、非常に滑らかな突きから生まれる風であるということです。

ローソクに向かって腕が非常に滑らかに一直線に移動すると、その動きによって空気が真っすぐ炎に導かれて吹き消します。荒っぽい未熟な突きでは炎は揺らぐだけです。

この場合、成功するかどうかは肉体的な強さの問題ではなく、正確さ、スピード、そして滑らかさの問題なのです。

しかし、突きが瞑想とどう関係するのか、あなたは不思議に思うかもしれません。このエクササイズを長い時間行なうとき、私は自分がある種の瞑想状態に入っており、マインドが静まり、明晰さと穏やかさを感じていることに気づいたのです。

私は、ローソクを見つめることがこの効果を生み出していると理論を立てて、ローソクに突きをすることはやめ、ローソクを凝視することをはじめました。

私は火の灯ったローソクの前に座り、できる限り長い間それを見つめました。まもなくして、私の目の焦点がぼやけ、拡大された視界の真ん中でチラチラと炎が瞬いていることに気づきました。私の身体はリラックスし、落ち着いている一方で、私の中では気づきの意識が高まっていました。

何年もあとになって、私はローソクの凝視が、意識を高めるために古代日本の忍者の間で実践されていた秘密の訓練法であることを知りました。

しかし私の考えでは、この瞑想には問題がありました。ローソクを使わなければならないということが気に入らなかったのです。

それは実用面で瞑想を大きく制限しています。結局のところ、ローソクとライターを持っている必要があるからです。

ローソクはそれほど重要というわけではなく、ある一点に集中することが重要なのではないか、という考えが浮かびました。

私はローソクを使う方法を中止して、かわりに壁の一点に集中することにしました。

集中して数分間経つと、目の焦点がぼやけはじめ、視野全体をとらえていました。静かで活き活きとした感覚が、私が正しい方向へ向かっていることを示していました。

そして、もしかすると瞑想の秘訣は焦点を合わせることではなく、ぼやけさせることではないかと考えたのです。星を見つめることによって、このことはもっと明確になりました。

私たち家族は田舎の農場に住んでいたので、都会に住んでいる人たちとは違って、星空の眺めを明りによって台無しにされることはほとんどありません。

あまりにも多くの人たちが、宇宙が無限に広がっていることや、ただ見上げるだけで天国のような荘厳さに触れられることを知らずに、人生の大半を過ごしているのは何とも残念なことです。

私は芝生に横たわって、夜空全体が目に映るままにまかせました。ときおり星たちはとても鮮やかに浮き出て見えるので、手を伸ばせば届くかのようでした。

星を見つめているうちに、私はある奇妙な現象に気がつきました。北極星のような明るい星に焦点を当てると、それをはっきりと見ることができる一方で、薄暗い星々に焦点を当てようとすると視界から消えていくのです。

薄暗い星が見えるのは視野の周辺部だけでした。当然、何かをはっきりと見たいときは焦点を合わせるのが自然ですが、薄暗い星には焦点を当てることができなかったのです。直観に反しますが、それが真実でした。

ついに私は答えを得ました。何か繊細なものを見ようとするときには、焦点を合わせるよりもぼやけさせるほうが効果的だということです。

瞑想は私たちをより繊細な意識に導いてくれるので、凝視することもまた瞑想の秘訣なのかもしれません。私はローソクや壁の一点を凝視するなど、焦点を合わせる手法を用いていました。しかし、目が疲れて焦点がぼやけはじめるまでは、本当の意味で瞑想状態になることはなかったのです。

瞑想とは焦点をぼやけさせることだと気づいて、次のステップでは、最初からマインドの焦点をぼかすことを単純に選択すればいいのだとわかりました。

焦点を合わせるには意志の力を使いますが、焦点をぼかすことはリラックスすることです。秘訣は、広い視界の中でただリラックスするということです。そうすると穏やかな鋭敏さの効果、つまり武道家にとっての完璧なコンビネーションが生まれます。

この洞察を得ると、私は星を見つめる必要性から解放されました。いつでもどこでも、広い視界の中でリラックスすることができたからです。大きな前進です。

そのころ私は工場で働いていましたが、工場には草地に囲まれた大きな池がありました。同僚の何人かが武道に興味を持って、昼休みに私から習っていたため、私たちは毎日、練習と昼食をとるために池に向かいました。

一カ月ほどそうしていたところ、私はトレーニングに瞑想を取り入れることにしました。

私は彼らに、座って池の向こう側をじっと見つめ、心を落ち着けることを教えました。

座って見つめているのは3人の若い男たちだったので、たいてい誰かが話し出すまでに時間はかからず、残りのメンバーは瞑想から引き戻されてしまいました。

私たちはときには瞑想の体験について話し、別のときは武道について話しました。いずれにせよ、私たちは会話をしていて瞑想はしていませんでした。

座ってじっと見つめるというやり方で、私は正しい方向に向かっていると感じていましたが、会話によって気が散らされてしまうことが気に入りません。また武道家としては、瞑想をするために座らなければならないということも好ましくありませんでした。

やはり真のマスターというのは、戦いの最中でも穏やかであり、隙のない状態であるべきです。

私にとっては、座って見つめる以外の方法はあまりにも難易度が高く感じられました。また不満を覚えはじめたのです。

第三章
気づきのゲーム

ある出版社で受け渡し業務の仕事を見つけるまで、私の瞑想に対する不満感は続いていました。

2メートル近くも本を積んだ荷台があふれる乱雑な倉庫で働いていましたが、倉庫の廊下を歩きながら、私はあることに気がつきました。

それは、いつ人が出入りしたのか、また彼らがそのときどきにどこにいるのかは、私がたまたま彼らを見聞きできる場所にいない限りはわからないということでした。

仕事は精神的にきつくもなく、私は自分の人生に創造的な方法でトレーニングを組み込むことを常に求めていたので、倉庫に無秩序に広がっている迷路のような状況を気づきの訓練に利用できるのではないかと考えました。

私は、自分の気づきに一日中挑むゲームを考え出しました。基本的な考えは、倉庫全体に気づきの意識を広げて、ほかの人がどこにいるのか見破るというものです。

誰かが私に気づく前に私のほうが先に気づいたら、想像上の暗殺者の攻撃から生き延びたことになります。しかし、もし誰かが私が気づく前に話しかけてきたり、背後からうまく私に近づいてきたりしたら、私はその暗殺者に殺されてしまうということです。

このような方法で訓練することで、私は武道の達人が持っていたと言われる、ある種の第六感が得られるのではないかと期待したのです。

このゲームによって、私は自分の作業シフトの間、ずっと注意深い状態を維持することができました。やがて、私は自分が進歩していることを感じました。

しかし、得点記録係は私だけだったので、自分の第六感が本当に向上しているのかどうか確かめる方法がありません。

私はゲームを続ける一方で、どうしたら自分のやり方の良し悪しを検証することができるのか、常に考えていました。緊急事態においても、私は高い意識を保っていることができるのでしょうか？

数カ月後、私は答えを得ます。私の会社がソフトボールのリーグに加わり、私はチームのメンバーとして採用されました。

かつて大学生リーグの内野手だった会計係のマークを除いて、ほとんどのメンバーはスポーツ熱に欠けていました。

マークはものすごいスピードでボールを投げることができました。彼は、建築の2×6工法で使用する断面約5センチ×15センチの角材を一度の投球で当てて見せ、しかも縦に割ってしまったのです。それは恐いくらいでした。

私たちは最初の数回で大量の得点を奪われてしまったので、チームメイトの何人かが負けゲームを満喫しようとフィールドにビールを持ち込んでいました。

何回かあとに私も加わり、私たちはみんなそれぞれに酔っぱらった状態でプレーをしていました。得点差はどんどん広がっていきます。

完敗の色も濃厚になってきたころ、私が酔っぱらいのピッチャーを務めていた回で、相手チームのバッターが私の一球をライト方向に打ち返しました。

ボールは地面を蹴って跳ね返り、キャッチされると一塁ベースに投球されましたが、ボールは一塁手の頭の上を通りすぎてホームに向かい、キャッチャーが受け止めました。

ランナーは一塁を過ぎて二塁に向かっています。酔ったキャッチャーは二塁ベースの右側にボールを投げてしまい、ボールは外野に向かって転がっていきます。ボールが拾われ、三塁ベースに投げられてキャッチされると、ランナーは方向転換して二塁ベースに向かってダッシュしました。

三塁手は二塁にボールを投げましたが、ボールは二塁手の頭上を大きく越えて内野に転がります。マークがボールに向かって走っていきます。私は彼がボールをキャッチするまでの間、ランナーがホームベースを踏む姿を見ていました。

私は笑いながらビールを一気に飲み干し、「何てこった。最悪だ」と言いました。突然、私は後頭部に刺すような圧力が加わるのを感じ、何が起きたのかわかる前に身体が１８０度回転すると、左手が顔の真正面でボールをキャッチしました。あともう数センチで、私はあの世に旅立っているところでした。

会計係のマークが、私が注意してないときに私に向かってボールを放っていたのです。私の自覚的な意識の範囲外で、私の身体が危険を察知して行動を起こしたに違いありません。それ以外に説明のしようがありません。

私たちは0対30で負けました。惨敗です。ゲームが終わって、多くの選手たちが私の奇跡的なキャッチについて話しました。彼らは、ボールは間違いなく私の頭に当たるだろうと思ったと言いました。

このキャッチによって、私は武道の訓練を信用しました。私の手のひらは数日間痛み、もしあのボールが私の後頭部に当たっていたらと思うと恐ろしくなりました。

私は気づきのゲームが身体を目覚めさせたのだろうと推察し、この能動的な瞑想を続けることに今まで以上にやる気が出てきました。そして、瞑想が日常生活にうまく溶け込んでいることにとても満足したのです。

第四章
瞑想を動機づける

私たちはこれから、いくつかの非常にパワフルな瞑想の根本部分に入っていきます。しかしその前に、気づきを高めることの潜在的な危険性について、注意を促すことが大切だと思われます。

人生において行なう価値のあるほとんどすべてのことについて言えますが、そこには潜在的な危険が存在するのです。

ときとして開放への道は、私たちが以前に経験したこともなければ可能であると考えたこともないような、類いまれなる現象を私たちに見せてくれます。

私たちの気づきを閉じ込めていた意識の壁が崩壊しはじめると、私たちは「超常現象」、または奇跡と呼ばれるものを体験するかもしれません。

あるいは、鮮明で完璧に正確な予感を得るかもしれません。パワフルな癒しを体験するかもしれませんし、「幽霊」を見るかもしれません。また、深いビジョンから貴重な洞察を得るかもしれません。

たしかにこうしたことは素晴らしく聞こえますし、誰もが体験したいと思うでしょう。しかし、人生のすべてのことがそうであるように、大切なことは体験に対する態度と動機です。開放への道を歩んでいるすべての人に驚くことが起きるという保証はありませんが、それらはかなり高い頻度で起きるため、潜在的な危険性について論じることには価値があると思われます。

私はかつて不純な動機が原因で道を外れたことがあるので、あなたが同じような手痛い想いをしないですむように、私自身の体験を共有させてください。

子どものころ、私は未来について多くのビジョンを見ていました。寝ている間にこうしたビジョンを見ることもあれば、起きているときに見ることもありました。

大人になると、私は深い瞑想と祈りに多くの時間を費やすようになります。ときには、こうした深い時間に筆舌に尽くし難い、愛の状態を体験しました。

またあるときは、祈りと瞑想の中で幽体離脱を体験したり、完璧な正確さで近い未来を予知したりもしました。

これらの不思議な経験を頻繁にしていたので、私は自分が超能力者ではないかと思いはじめたのです。

この可能性を検討するにあたって、私はあることを思い出しました。私がまだ若いころ、母が予感によって命びろいをしたことがあったのです。

ある日の午後、母は身体を震わせながら家の中に入ってきて、ほんの数分まえに体験したことを私たちに話しました。

私の家族は馬の牧場を所有していて、母はサドルブレッド種の馬に乗って訓練を行なっていました。彼女はそのときに乗っていた素行のわるい馬のことを話したのです。

彼女はいつもこの馬に奇妙な感覚を持っていましたが、前の晩にその馬の夢を見るまで、そうした感覚は無視していたと言いました。

その夢は非常に現実味があったと彼女は言います。その夢には色と深みがあり、それは通常の夢をはるかに超えていました。

彼女は夢の中で家の私道を馬に乗って走っていました。道の片側は4・5メートルの急斜面になっています。

途中で馬はわけもなく動揺し、土手の端に向かって足を引きずるように斜めに走りはじめます。馬は母を乗せたまま端を越えました――そこで彼女は目を覚ましました。

次の日、その馬に乗る時間になったとき、彼女は馬に跨りながら自分自身にこう言い聞かせました。「あれはただの夢よ。心配をするのはやめて、走りはじめましょう」

彼女はいつものように馬に乗って私道を走っていましたが、夢の中で見た通り、まさに同じ場所で馬は動揺し、足を引きずりながら崖に向かって斜めに走りはじめたのです。

崖に放り出されてしまうので、彼女は左側には降りられません。また彼女は右足首が弱く、折れてしまうことを恐れて右側にも降りられません。

夢の中では、彼女と馬は道を横断して命取りになったことを思い出し、有無を言わさず馬を崖の方向に向け、崖を越えてしまう前に馬が崖に気づいて立ち止まるように願いました。

普通の馬なら立ち止まりますが、その馬は立ち止まることなく崖を越え、蹄で滑り落ちていきます。奇跡的にも馬は直立した状態を保ち、彼女は背中に乗ったままでした。

夢の中の注意があったおかげで、彼女たちは負傷をまぬがれたのです。あとになって、その馬には精神障害があると診断されました。

これらの中で私がもっとも驚嘆したのは、母が今後起こり得ることについて、非常にはっきりとしたビジョンを見ていたことです。夢が警告を与えているかのようでした。私は、母からある種の超能力の遺伝子を受け継いでいるのではないかと思いました。その答えを知るために、私は自分の体験を解き明かしてくれる人を探すことにしたのです。

そして、自称超能力者のジョージと出会います。彼は「ぴたりと当てる」と評判でした。ジョージは人を「リーディング」することに非常に長けていたのです。

初め、私はそれをトリックだと思っていましたが、やがて彼は私を「リーディング」することになります。

彼が最初に私に言ったことは、私が武道を学んでいるということでした。私は、彼はおそらく私たちを引き合わせてくれた知人から聞いたのだろうと思いました。

続いて彼は次のように言います。私は多くのアジアの国々に起源を持つ技術を学んだけれども、私が注力しているのは日本の武道、特に侍の武術であるということです。私はこうしたことは友人には伝えていなかったので、興味は一気に高まりました。

さらに、彼は私が学習障害（彼はそれを「失読症」と呼びました）を持っており、色覚異常であると告げました。こうしたことは、私が知り得るどんな手段をもってしてもわかるはずのないことです。

彼は、私の学習障害と性格的特徴を詳細に伝えました。1時間ほどかけて、多岐にわたって正確に教えてくれたのです。それは大方の「超能力者」の特徴である曖昧なリーディングとは一線を画していました。

子どものころに見た多くのビジョンや最近の霊的な体験を考えると、私はジョージのリーディングは本物であるという可能性を受け入れざるを得ませんでした。

そして思いがけないことに、ジョージは私に彼の講演ツアーのチームメイトにならないかと依頼してきたのです。

彼は、超常現象に関することやスピリットと交信する方法を教えるかわりに、私に彼のボディガード兼運転手、そして武道の先生を務めることを望みました。

彼は実際には人をリーディングしているわけではなく、交信しているスピリットがリーディングしているのだと説明しました。

私は、自分が体験していることをようやく理解できる見通しが立ったことを喜びました。人々を助けるためにこうした能力を使えるかもしれないと考えると、いっそうワクワクしました。

私はメキシコの講演ツアーでジョージと旅をして、生活をともにしました。ジョージは彼が表現するところの「真の精神性」に人々が関心を持つように、「コミュニティ（地域社会）に対するカトリック教会の影響力」を打ち破ろうとしていました。

彼はスピリットの世界について教え、未来を予言し、リーディングを提供し、スピーチを行ない、ディベートに参加し、行進の先頭を歩きます。

それは多くの人の怒りを買いました。ジョージは暴力を振るわれる可能性を恐れたので、私は護衛のためにすべてのイベントに参加しました。

彼は並外れた自信家でカリスマ性があり、親しみやすくもありました。そこに人を正確にリーディングする能力が加わると危険な組み合わせになります。

私はジョージと六カ月にわたってメキシコで暮らしましたが、その間に非常に大きな変化を目の当たりにしました。

初めてジョージに会ったとき、私は彼の謙虚さにとても感銘を受けました。彼は自分自身を「スピリットが話す」容器にすぎないと表現していたのです。

「あなたが目の当たりにしている力や知恵は私のものではなく、私とともにいるスピリットのものです。私はただの操り人形のようなものです。それを忘れないでください！」と彼は言いました。

しかし、より有名になるにつれて人々から高い評価を受け、ファンもできるようになると、私は彼が自分は特別な者であると信じはじめたことに気がつきます。そして、彼が自分には力があると示せば示すほど、彼のリーディングは正確さを欠くようになっていったのです。ほどなくして、ジョージは自分が世界の救世主であると非公式に主張しはじめました。そのショーを繰り広げているのは、もはや彼を通して話していた「スピリット」ではないように私には思われました——そういうスピリットが本当にいたとしたらの話ですが。

物事がカルト的にもなっていきました。人々は無分別にジョージのアドバイスに従い、そのことがジョージに自信を与えます。

誰かが彼のアドバイスに従わないと、彼はその人たちのことをほかの人たちの前で「道を踏み外している」と指摘しました。

私はジョージの振る舞いが急速に悪化していくことと、彼のリーディングが明らかに不正確になっていることがかなり心配になってきました。また、私はグループの中の女性たちの間で、ある種の緊張感が漂っていることに気づきます。

見習いとして、先生として、そしてボディガードとして常にジョージとともにいた私は、周囲から高い評価を受けていたので、多くの人が自分の問題について相談しようと私のところへやってきました。

そして、私はジョージが多くの女性と、それもほとんど既婚者の女性と浮気をしていることを知ります。夫たちはまだ気づいていませんでしたが、彼らに知られるのも時間の問題だろうと思われました。

私はジョージに自分の意見を突きつけましたが、彼は私の懸念をお金で和らげようとしたのです。彼にはけっこうな車を提供してくれるような非常に裕福な寄贈者がいるため、もし私が彼に忠実でいるのであれば、私たちが豊かな暮らしができるようにすると断言しました。また彼は、自分が裕福な支持者からどれだけのお金を得ているのかを自慢しました。

私は彼の元を去りました。

私は、どうしてここまでだまされてしまったのかと疑問に思いました。一見、ジョージだけが責任を負っているように見えますが、私は自分がだまされ役を演じていたことを知っていました。

ふと、私は自分がどこで道を踏み外してしまったのかに思い当たりました。私は真実や愛よりも超常現象を優先していたのです。

私は何度も超越的な愛を感じていましたが、それは未来を見ることから得たパワーの感覚であり、それが私の心をもっとも魅了したのでした。

ジョージは無条件の愛が一番大切だと話していたことはたしかですが、その話は安っぽいものでした。

私の動機が完全に純粋なものではなかったので、私は間違いを犯したのです。

未来を知りたいという願望はかなり魅惑的です。人間というのは、不確実性をもっとも恐れるからです。不確実さを恐れる気持ち、そして特別な力を持つことに対する願望が、このカルトの卵に私を導いたのです。

確かなものへの願望がどれほど多くの人を誘惑し、特別でありたいと願う気持ちがいかに「精神的指導者」を目覚めの道から引きずり落とすのか、私は数年にわたって目の当たりにする機会に恵まれたのです。

こうした振る舞いのすべては、大きな不安感が統合性を損なうことによって生まれます。私はこれらの超常現象が不健全であるとは言いません。私が非難しているのはその動機です。

スピリチュアルな目覚めとは、無意識の願望からの目覚めでもあります。私は自分がこうした商業主義の影響を受けやすいことに気がついて、自分自身を注意深く見守り、自分の動機や思考、感情、言葉のみならず、あらゆる立場のあらゆる人たちに対する、自分のすべてのよい行ないをも見守るようになったのです。

ジョージと暮らして私が気づいたのは、神秘的な体験というのは必ずしも英知や真実、または愛と密接に関連しているわけではないということです。

もちろん私に起こったように、それが関連していることもあり得ますが、私たちは神秘的な体験や先生に関しては、決めてかかることなく用心深くあらねばなりません。というのも、両者とも私たちを誤った道に導くことが多々あるからです。

私たちは自分の進む道について責任を負わなければなりません。人々の行動には、少なくともその発言と同じくらいに注意を払ってください。あなた自身に対しては特にです。

愛と献身とともに歩んでいきましょう。注意を怠ってはいけません。

第五章
真北の方角

ジョージの元を去ってわずか数カ月後、私は本書の冒頭でちょっと触れた「存在性」（存在であること：isness）をインスピリエンスしました。

存在性のインスピリエンスについてはほかでも書いたことがありますが、まだわかっていないことがたくさんあります。これからお話しすることはほんの一例です。

私は、空手の競技会に向けて準備をしているときに足首を折ってしまい、強い痛みを感じていました。私は瞑想をして心を落ち着け、痛みを超えようとすると同時に、注意力を保つ助けとして痛みを利用していましたが、長い時間行なうのはなかなか難しいことでした。

私は意志と呼吸を利用して身体から抜け出し、痛みから逃れようとしました。ところが身体から抜け出すかわりに、私は身体の中でどんどん軽くなっていくのを感じました。ひと息ごとにマインドがどんどん軽くなっていくのです。

まもなく、私が上昇することをブロックしている何か壁のようなものにぶつかりました。私は自分を邪魔している思考や感情がないか探しました。そして発見した妨害物を一つずつ呼吸とともに解放しました。

私には対処すべき怒りや、ゆるしの課題が多くありました。やがて思考はやみましたが、不調和な性質を帯びた感情がまだ閃光のように無意識から湧き上がっています。

私はそれらを受け入れて、呼吸と意図することで解放していくと、それらは身体の中でさらに軽くなっていきました。

しばらくすると、私は自分の身体が透明になったように感じられました。私の意識はまだ身体の中心にあるように思われましたが、やがて、まるで「身体の中の宇宙」を旅しているように感じました。最初に地球の意識、次に太陽系全体、銀河系、そして全宇宙に遭遇したのです。

それは、あたかもスピリットの世界や天国にいるかのように思われましたが、やがて私は自分が広大な空間にいることがわかりました。

そして、それをちょうど超えた先に、臨在《プレゼンス》――あらゆるものを包み込む知性と愛がありました。それに気づくやいなや、私は完全に臨在《プレゼンス》に溶け込んだのです。

それは信心深い人たちが神と呼ぶと思われるものの中心にありました。実際は、インスピリエンスはどんなに言葉を駆使しても、私の能力では正しく表現することができません。それを知性的な愛に満ちた臨在《プレゼンス》と呼ぶことは、私が知り得る言葉の中ではベストですが、明らかに不十分です。

インスピリエンスを言葉で表現することができたら、どんなによいだろうかと思います。なぜなら、もし何か語る価値があるものがあるとすれば、これがまさにそれだからです。

しかし真実は、言葉は矮小化するということです。言葉というものは、経験を理解可能なものにしたり、伝達可能な断片に切り取るためにマインドが考え出したものだからです。存在性は分割できないため、言葉はインスピリエンスと同等にはなり得ないのです。

正直に言えば、言葉は体験（experience）とも同等にはなり得ません。言葉は機能的なことを描写することはできますが、リアリティの本質を描写することはできないのです。

私は意図を通じて、この臨在《プレゼンス》に「あなたは何ですか？」とたずねました。その答えを最善を尽くして言葉で表わせば、「あなた以外の何ものでもない。あなた以外に何もない」となります。

この返答に私は困惑しました。なぜなら、自分自身を「**それ**」であると見なすことができないにもかかわらず、その返答はまったく正しいと感じられたからです。

この臨在《プレゼンス》はありとあらゆるものの中に「在る」と感じられました。もちろん自分自身も含まれます。

しかし私が理解できなかったのは、私自身が「**それ**」であるにもかかわらず、どうして私はその瞬間が来るまで、人生を通してその事実に気づくことができなかったのかということです。

存在性のインスピリエンスは、恩寵であると同時に呪いでもあるとわかりました。

恩寵はインスピリエンスの超越的な性質の中にありました。というのは、それは誰もが決して忘れることのできない、すべては一つであるという視点を与えてくれるからです。

呪いというのは、一つには、私がインスピリエンスを周囲の人たちに言葉で明確に伝えることがまったくできないという、完全な無能力に陥らせるからです。

この強大な賢者の石に出会ったのに、それを必要とする人たちに渡せないというのは何と悔しいことでしょうか。

呪いの別の面としては、自分の生活が存在性からほとんど外れているという気づきの中にあります。

インスピリエンスはほかのものとは比較にならないほど深遠で、あまりにも秀でたものなので、存在性と調和して生きることが私の目標となりました。

インスピリエンスを常に体験できるようになるために、私は自分自身をどう正せば分離の感覚が消えるのか知りたいと思いました。私には自分を正すプロセスが欠けており、そのことが痛みとなりました。

そして、情熱というものが重要なカギを握っており、日常生活の中で進むべき道に自分を留まらせるためには、情熱と一体となった具体的な目標を持つことが必要だとわかるまで、数年の歳月がかかったのです。

情熱

瞑想という純粋なツールに親しめば親しむほど、自分を進むべき方向に留まらせるのに役立つ目標を設定することが大切になります。

自分の行き先を方向づけるために、私たちは内側にコンパスを持つ必要があります。なぜなら、方向を定めないことには、生活の中で受ける苦しみによって横道にそれてしまうからです。

困難な状況下でも道を外れたままにならないように、内側のもっとも深いところにある気づきや無条件の愛のある場所に向けて、自分を方向づけておくための何かが必要です。存在性は、私が武道や瞑想、ヒーリングの技法の実践を通じて向かうべき、概念上のコンパスの方向となりました。こうしたことに対する情熱は私に目的を与え、やがて私を正しい方向に留まらせてくれました。

もちろん、私はときおり少し脇道にそれましたが、それは普通のことであり、自然なことです。自然界のものは、どんなものでも完璧に真っすぐに進むことはありません。

あなたのプロセスを、だいたいは正しい方向に向かっている蛇にたとえてみてください。それは少し右に寄ったり左に寄ったり、曲がりくねって進みながら開放の方向に向かいますが、その過程で少しずつ、より大きな生命の感覚、信頼性、無邪気さ、力強さ――究極的には無条件の愛を経験していきます。

少し時間をとって、あなた自身のコンパスの方向を明確にしてみてください。あなたはどこに向かっているのでしょうか?

あなたにとっての北の方向をはっきりと定義しておかないと、目的がないために早い段階で人生の航路で失速してしまうでしょう。

あなたがすでに乗っている軌道にそのまま乗り続けたら、数年後にあなたはどこにいるのか考えてみてください。その軌道がもたらす結果はあなたを満足させるでしょうか?

あなたの人生を方向づけるハンドルの背後に、あなたの最悪な部分が隠れているとしたら、いったい何が起きるのでしょう?　数年後には、あなたの人生はどうなっているのでしょうか?

存在性と調和する方向に進んでいきたいと思うなら、目的はあなたの協力者になります。実際、もしあなたが人生で何か価値のあることを行ないたいと思うなら、目的がカギとなります。

驚くべきことに、開放を熱望している人たちの多くが、明確な目的意識を欠いています。そして、目的を見つけるまでは事実上、私たちは深く封じ込められているのです。

目的が失われていると、私たちの人生が無意味に思えるというのは事実です。逆に情熱的な目的があるときは、私たちの人生は意義深いものに感じられます。

人々はごく自然に自分の感情を世界に投影します。したがって、この考え方を心に留めておけば、目的を持つことが私たちに意義を感じさせてくれるということが明らかになります。たとえ、私たちがその意義をはっきりと言葉にすることができないとしてもです。

開放については、目的を持つことによって正しい道の上を外れずに前進することが可能になり、私たちの内面に存在する悪魔と対峙し、困難に立ち向かい、誰かの役に立ちたいという気持ちにさせてくれるのです。

目的を持たないことはひどい苦しみの状態であり、あなたは気の滅入るような日中と、心配な夜を一度に過ごす羽目になります。

落ち込みがちな人はインスピレーションが枯渇し、人生がつまらなく重苦しいものに思えてしまいます。無気力がマインドに充満し、たとえそう願ったとしても、世界にほんの少しの影響もおよぼすことができなくなってしまいます。

心配性の傾向がある人は緊張感と不安感がますます強くなり、リラックスできず、あらゆるものに備わっている美を楽しむことができません。どちらの場合も事実上、インスピレーションを受け取ることを妨害されているのです。

私たちはみな、インスパイアされた方向に向かって人生を歩みたいと望みますが、多くの人がインスピレーションを欠いた責任と義務の人生を生きています。

また私たちの中には、人間の存在や人生全般には意味や目的がないとして、無意識に虚無感を感じている人もいます。虚無主義は次のような心の声として現れます。

「それに何の意味があるんだい？　この広大な宇宙の中で、私がすることに意味なんか何もないよ。私は風に吹かれる塵にすぎないのさ」

この感覚は、実際にインスピレーションを押さえつけ、正真正銘の妨害物となります。多くの場合、こうした人たちの中には責任を負ったり、全力で取り組んだりすることを避けたいという願望があります。

私たちが進歩するために気づかなければならないのは、すべての物事は相互に依存し合っており、すべての行為や無為には結果がともなうということです。開放に向かう積極的な道は、責任逃れをしようとする人たちのための道ではありません。

それでもなお、自分の人生に意味を見出そうとすることにあまりに圧倒されてしまって、もうこれ以上は対処できないと感じる人もいます。

こうした人たちにとって重要なことは、心の声に耳を傾けることです。彼らを圧倒している大部分のことが、こうした心の声である場合がよくあるからです。

心の声がやんだとき、人がネガティブな心理的影響を受けずにいかに状況を切り抜けることができるのか、まったく驚くべきものがあります。

意外かもしれませんが、多くの試練は実際に対処できるのだと一度気がつけば、力の源になるのです。細かい点にかかわらず、こうしたすべての問題はインスピレーションと開放を妨害しています。

インスピレーションが欠けていると、私たちの人生は虚しく無意味に感じられます。この感覚は、スピリチュアルな道を歩んでいる人々にはより明白に感じられます。なぜなら、たいてい彼らは意識的に開かれていない人たちよりはさらに敏感だからです。

では、どうしたら私たちのインスピレーションや、進むべき方向、目的などが見つけられるのでしょうか？　スピリチュアルな開放への道は、今、この瞬間に見出すことができるのです。

私たちはインスピレーションが湧き起こったときに行動を起こさないと、どれだけ瞑想しようと、どれだけ祈ろうと、表向きはどれだけ親切で思いやりが深かろうとも、人生に無意味な感覚が充満し、憂鬱や心配、不活発の状態により深く引き込まれます。

世界と共有すべきインスピレーションが、意識を通じて湧き起こってきたことに気づくと、非常にシンプルな解決策が浮上してきます。

それは、そのインスピレーションを世界に具現化するために直ちに何らかの行動を起こすことです。インスピレーションにしたがって素早く行動を起こさないと、それはすぐに消えていきます。

インスピレーションから顔を背けると、流れが衰えるのです。インスピレーションを行動に移さないことが常態化すると、流れは完全に止まってしまうかもしれません。

では、どうしたら流れを再び起こすことができるのでしょうか？　一般的に、人々は義務や責任で自分の人生をいっぱいにしているので、情熱を感じることをするための時間を設けていません。

おそらく私たちは自分の情熱が生産的ではないと考えているので、子どもっぽいと思って切り捨てているのです。その考えは再考すべきでしょう。

ある生徒は義務に基づく生産性にとても重点をおいていたため、自分自身をインスピレーションから切り離していました。

そのため、彼女は自分の人生および開放のプロセスにおいて、頑固な傾向が強く見られました。頑固さは開放のプロセスに逆行するので、彼女は相当に苦戦していました。

私は彼女に、本当に情熱を感じられることは何かをたずねました。彼女が言うには、陶器を作ることが大好きなのですが、利益も出せないし、ただの趣味だからやめてしまったとのことです。

彼女は心の中で、つまらない趣味のために時間を浪費したくないと思っていたのです。その結果、彼女はインスピレーションの源をほとんど遮断していました。インスピレーションはスピリチュアルな開放へと向かうハイウェイです。

私は彼女に、もう一度情熱を持って陶器作りをはじめるようにアドバイスしました。そして、陶器を作る時間の実用性に関する考えは、すべて脇においておくように言いました。

次に話したとき、彼女は情熱に燃えていました。声も高揚していて、彼女は魂が生き返ったみたいだと言います。インスピレーションが次々と湧き起こってきて、結果として彼女はチャンスに恵まれるようになりました。趣味のおかげで新しい人々に出会い、彼女の人生を取り巻く雰囲気と考え方が変化したのです。

彼女は、自分がいかに無意識に社会的な価値観にしたがって人生の優先順位を付けていたのかに気づきはじめました。結果として、彼女は意識的に自分が情熱を感じる活動により多くの時間を割くようになりました。創造性とインスピレーションが激流となって彼女に押し寄せました。

私たちは、精神的に満たされる活動と、最後には虚しさが残る活動を見分ける必要があります。

私は以前、テレビゲームに興じていた時期がありました。簡単に言えば、それらは面白く、ワクワクするものでした。私はゲームが得意でもあり、上達することを楽しんでいました。週末には12時間以上もテレビゲームをして過ごすこともありました。

私は数年間、そのようにして過ごしましたが、あることに気がつきます。それは、ゲームが楽しければ楽しいほど、一日の終わりには時間を無駄にしてしまったかのような後悔や虚しさの念が長くつきまとい、なかなか離れなかったということです。私の身体は、こうした活動には何の意味もないことを伝えているように思えました。

誰もが私と同じように感じるとは言いませんが、活動の最中や終わったあとに身体の感覚に注意してみてください。

気持ちが満たされるような活動が何なのか、心に留めておいてください。そうした活動にもっと多くの時間を費やしてください。

また、最後に虚しさや後悔を感じる活動は何かにも気づいてください。こうした活動に費やす時間を減らすのです。私たちは自分を意味のない活動から引き離し、もっと有意義な活動に重点をおくことができるのです。

インスピレーションをまったく感じられない人は、少し違ったアプローチをとることが必要です。

まず初めに、ポケットサイズのノートとペンを買いに出かけてください。それらを常に携帯します。そして、何か面白い考えが浮かんだら、すぐにそれを日付けとともに書き留めましょう。先にも述べたように、インスピレーションとは、それに基づいて行動を起こすためにやってきます。

インスピレーションを感じないという人々は、インスピレーションがやってきたときにそれにしたがって行動する習慣がありません。彼らはインスピレーションの便秘なのです。

インスピレーションを世界に生み出すために、インスピレーションを受け取ってから5分以内に、それがどんな感情やアイデアであっても必ず書き留めるようにしてください。そうすることで、インスピレーションが再び流れ出す助けとなります。

こうして、最終的にはあなたが自分の人生のより大きな目的、すなわちコンパスの方向に気づくように導いてくれる好循環が開始されます。

インスピレーションとは意識から生まれるものであり、本来は実用性によって限定されるものではありません。

インスピレーションは趣味に関するものかもしれないし、ビジネスをはじめることに関するものかもしれません。本を書くことかもしれないし、愛と誠実さをもってあなたの子どもたちを育てることかもしれません。本当にそれはほとんど何でもあり得るのです。

義務や責任、心を満たすことのない娯楽から一歩身を引いていてみてください。インスピレーションを受け入れて、何が起こるか見ていましょう。

あなたはきっと心を動かされ、知らないうちにスピリチュアルな開放のプロセスが全速力で進むことでしょう。人生には意味があり、あなたには命があるのです！

さあ、ノートを買いに出かけてください！

第二部

「無条件の瞑想」の基礎

第六章
無条件の瞑想

「存在性」（存在であること：isness）のインスピリエンスは、私が模索したさまざまな瞑想を評価するためのある種の鋳型《テンプレート》となりました。

存在性は分けることができないので、それに気づくことはあらゆるものに気づくことでもあります。

つまり、その気づきは自己という差別化や定義に囚われることなく、あらゆる個別のエネルギーに行きわたっているのです。一方、こうした個別のエネルギーに対する気づきは残ったままでいます。

存在（being）のもっとも深い場所からやってくる包括的な気づきは、私にとって瞑想の究極の判断基準となりました。包括的な瞑想の実践を通して、私は私が掲げる日常のインスピリエンスの目標に向かってさらに前進していきました。

この究極の判断基準は私の瞑想を変革しはじめ、私の瞑想はあらゆるレベルでより全体的になっていきました。

私は、瞑想はシンプルであるべきだとわかっていました。というのは、プレッシャーを感じる状況下では、シンプルであるよりも複雑であるほうが失敗するケースが多いからです。原則に基礎をおく限り、力はシンプルさに宿るのです。

私は、できるだけ少ない努力で日常生活に適用できるような方法を常に探していました。究極的には、インスピリエンスが瞑想に限定されることなく、それをフルに生きることができるように、完全に瞑想を超越してしまうことに興味があったのです。

そうした目標を心に留めながら、私は瞑想の背後にある原理や、私を瞑想から引き離してしまうものは何なのか理解したいと思っていました。これらの要素を理解することが、急速な開放をもたらすだろうと感じていたのです。

瞑想を探究するにしたがって、チャンティングやビジュアライゼーション、特別な呼吸法などを必要とする体系化された瞑想は、日常生活に取り入れるにはあまり適切ではないと感じはじめました。

もちろん、私が実践したさまざまな瞑想法にはそれなりの効果があったので、それらを探究できたことにはとても感謝しています。

しかし、ハイペースでストレスも多く、変化に富んだ日常生活の中で途切れることなく適用するには、正式な瞑想法はあまりにも面倒であると感じていました。存在性と調和する瞑想であればあるほど、それはもっと日常生活に適用しやすいと思いました。

私は気づきのゲームに以前にもまして取り組むようになり、同時に自分が正しい方向に進んでいると感じていました。なぜなら、それは私のマインドの背後で行なわれているだけでしたが、日々の活動の最中にプレーすることができていたからです。

ゲームを実践するにつれて、私はあることに気づきました。視覚と聴覚は使っていますが、その他の感覚は除外していたのです。

嗅覚というのは、一般的に記憶や無意識と深いつながりがあるということを本を読んで知っていたので、私は自分のゲームの中に匂いを取り入れることにしました。

驚いたことに、一度慣れてしまうと匂いを嗅ぐことはより大きなリラックスをもたらすことがわかりました。

嗅覚がすばらしいリラックスを与えてくれることに気づくと、私は味覚も少し取り入れることにしました。ゲームをプレーしている間、味覚や口の中の感覚にも注意を向けるようにしたのです。これがまたうまくいくのです！

しかし、それでもなお欠けている感覚が一つありました。このころ私はサバイバルのレッスンを受けはじめており、インストラクターは身体全体の感覚に注意を向ける瞑想を教えてくれました。

それはとても心地よい感覚だったので、私はゲームの中に身体に対する気づきをほかのすべての感覚とともに取り入れました。

こうしたやり方で全感覚を広く使うことは、かなりストレスを感じるのではないかと考えがちですが、驚くべきことに実際はそうではありません。

私が発見した秘訣は、単にプロセスに対して意図的にならないということです。包括的な気づきへと向かうこの簡単なやり方を見つけるには、少々練習が必要です。というのは多くの場合、私たちは集中力と意志力を発揮しようとしてしまう習慣が身についているからです。

包括的な気づきの中で気楽に物事に取り組むと、ゲームは実際にかなりリラックスした気分にさせてくれます。

初め、私は横になってそれを試してみましたが、身体の中にすばらしい広がりのある感覚を覚えました。次に座って行なってみましたが、何の問題もありませんでした。

続いて動きながら行なえるかどうかテストしてみると、思った通りほんの少し練習しただけでうまくやることができました。

最初はかなりの努力を要したので、私は何かゾンビのように見えていたに違いないと思いました。しかし練習を続けるにつれて、そのゾンビの印象も薄れていきました。

さらに練習を続けていくと、私は動きながらでも内側のスペースを体験することができ、見かけも完全に普通でいられるようになったのです。

私はそれを勤務中にも試してみましたが、非常にうまくやれることがわかりました。しかし、会話をするとそのスペースが壊れてしまったため、私はこのハードルを越えられるかどうかを確かめるために、会話をしながらの実践に取り組みはじめました。

そしてわかったことは、初期に強い衝動として起こる過度な集中をはずし、意識の背後で会話を行なうようにすると、かなりうまくスペースを維持できるということです。

また、私は相手の目をダイレクトに見ることでスペースが壊れることに気づきましたが、かと言って人の目を見ないことは失礼にあたるかもしれません。

最終的に、私は人の目を自分の視野の中心にはおきますが、実際にはそれに焦点を当てずにいることができるようになります。

こうして、自然な会話の最中でも瞑想していられるようになったのです。明らかに私はこの瞑想で何かヒントを得たようです。

このときに実践していた瞑想は、私の日常生活、武道、サバイバルのトレーニングによい影響をもたらしました。存在性をゴールとして、それぞれの分野の要素が調和を保ちながら瞑想の中に取り入れられていったのです。

観察瞑想

観察瞑想は、私たちの隠喩としての「紙」（P11参照：註）を広げるために非常に役に立つツールであり、より深くパワフルな開放のツールを発見するための跳躍板です。

あとで説明するように、この瞑想には非常に多くの有益な面がありますが、知的な理解を得る前に、まず読者のみなさんにはそのプロセスを少し体験していただきたいと思います。読みなみなさんには、軽い瞑想状態の中で、瞑想の手順に目を通すことをお勧めします。

がら大まかに実践したあと、読まずにもう一度試してみてください。

初めてのセッションではタイマーを15分にセットし、もし可能であればそれ以降数分ずつ時間を延ばして、徐々にあなたの日課の中にこの活動を多く取り入れていってください。姿勢については、座ったときに比較的快適であるように努めてください。

注意事項：私たちは、ここでは感覚に取り組むことになります。もし、あなたが五感のうちのいずれかの感覚を欠いている場合は、あなたのできる範囲で行なってください。脳は欠けている感覚を補ってくれます。したがって、あなたは五感のすべてを持っている人と同じ場所にたどり着けます。

真っすぐ前を見つめて、視野全体をとらえてください。ただし、努力して目を見張ろうとしないでください。ほとんどの人は水平方向に約２００度、そして垂直方向に約１００度の範囲を見ることができるでしょう。

もっとも解像度が高い場所は視野の中央であり、そこでは対象物が色彩豊かに細やかに見えます。焦点を絞ったビジョンは非常に詳細である一方で、周辺視野は細やかさや色を欠くかわりに陰影や動きに対してより敏感です。

星のかすかな瞬きを目がとらえる助けとなるのは、周辺視野の動きに対する高度な繊細さです。直観に反しますが、一つの星に焦点を合わせることは、たとえば北極星などのよほど目立った星でない限りは、それを見えづらくしてしまいます。

あなたが今体験している周辺視野の情報は、あなたの目が絶えず脳に送っています。通常は注意力が選択的に使われているため、視野全体は認識されません。あなたの脳は自動的に、あなたの現在の活動に適用できない周辺視野の情報をカットします。

たとえば本書を読んでいるとき、あなたは文章の特定の部位に集中していると思いますが、自分のいる部屋の様子は目に入っていないでしょう。ビジョンを広範囲に認識するのは、そのような認識を優先させるときだけなのです。

次のステップに進む前に、視野全体に順応するための時間を数分間とってください。

視野全体をとらえることに慣れて、違和感がなくなったら、あなたの聴覚がとらえるすべての音に気づいてください。

そのとき、何か特定の音に集中することなく、すべての音が身体の中に入ってくるようにしてください。意図的にすべての音を含めることによって、耳に聞こえるものが偏ることを防ぐことができます。

すべての音が受け入れられるので、この活動のために静かな場所にいる必要はありません。このエクササイズは騒音のある部屋で行なうこともできます。

次に、嗅覚とともに空気が鼻孔を伝って肺に入る感覚に気づいてください。あなたは、部屋の匂い、自分の身体の匂い、少し前に食べた食べ物の匂いに気づくかもしれません。それらに囚われることなく、ただださまざまな匂いを感じることを許可してください。

何も匂わなかったとしても、少しも気にする必要はありません。というのは、特定の匂いに気づくことが私たちのゴールではないからです。かわりに細部を気にすることなく、偏りのない方法で感覚を開いてください。

次のステップに進む前に、無条件の視界、音、匂いに慣れるように少し時間をとってください。リラックスしましょう。

さて、今度は味覚と口の中の感覚です。その日に食べたいくつかの、あるいはたくさんの食べ物の味がするでしょう。

ただし、何の味もしないとしても気にしないでください。ただ味覚やその他の口の感覚（温かさ、湿度、硬さ、柔らかさ）を感じながらリラックスします。ここではリラックスの感覚と活動的な感覚のバランスが重要です。

数分間時間をとって、ほかのすべての感覚に無条件に気づいたまま、味覚を感じることに慣れてください。

最後に、身体の表面全体に気づいてください。あなたの肌に触れる服や空気の感覚、身体を引っ張る重力の感覚、あなたの下にある床や椅子の感覚などに注意を向けてください。身体の表面、または内部の特定の場所に意識を集中しないように気をつけてください。

もし疼きや痛みを感じるなら、その箇所に注意を向けずに、ほかのすべての感覚に気づいたままで身体全体を意識してください。

プロセスを進めるにしたがって意識の集中を少しずつ減らすことを意図しながら、瞑想の残りの時間は、このようにしてすべての感覚に無条件に気づいたままでいます。

この時点で私たちは、身体の中心から全方位に満遍なく広がる、完全な球体の気づきの意識を見つけようとしています。

球形に同調する方法は、感覚を通じて全方位に注意の一部を向けることですが、あまり意図的になりすぎてはいけません。

かわりに、その意識の中でリラックスしましょう。徐々に私たちは、自分を取り囲むスペース全体に機能的に気を配るようになるでしょう。

あなたは自分の感覚が、壁、天井、床のところで止まる傾向があることに気づくかもしれません。それは完全に感覚的な習慣によるものです。

ある固定された地点で、あなたの意図が止まらなければならない理由はありません。自分の感覚が止まったことに気づいたら、感覚をそっと広げることを意図して、障壁を通り抜けるか、越えてください。

これが存在性への道です。

私たちは特定の物を感じたり、詳細を知ることを求めているわけではありません。そうではなく、私たちが求めているのは無条件の意図、無条件の感覚、無条件の気づき、そして究極的には無条件の存在（being）です。

あなたが設定した一定の時間、この瞑想の状態を維持します。そしてそのプロセスに慣れてきたら、今度は立ったまま行なったり、動きながら試してみましょう。さらに挑戦できそうに思えたら、早く歩いたり走ったりするなど、より難しい活動を加えてください。

この瞑想を通じて、あなたが得る広がりの感覚を覚えていてください。そしてどんな挑戦をしようとも、それを維持できるかどうか確認します。

あなたの現在の限界を探り、まずは簡単なものから、そして徐々に難しいものに取り組みながら少しずつ挑戦していきましょう。

瞑想の過程で、あなたは以前に学んだ教えに基づいて、別の要素を追加したくなるかもしれません。

しかし、少なくとも初めのうちはそうしないことを強くお勧めします。瞑想はシンプルに、混じり気のないものにしておきましょう。

あなた自身がこのプロセスのコツをつかみ、身体の中に瞑想の完璧なツールを自然に見出して、それを信頼できるようになるまで時間をとってください。

本書の初めに触れたように、瞑想には科学的に実証された多くの肉体的および精神的な効果があります。

定期的に練習すれば、あなたは観察瞑想を通じて、これらの非常にパワフルな副次的効果のすべてを得られることがわかると思いますが、この実践は開放の領域ですばらしい結果を生み出します。

観察瞑想を実践することによって、留まることを知らない広がりの感覚が生み出され、瞑想者が自分自身を個人的ではない視点から見ることを助けます。

内側の広がりが大きくなるにつれて、人は徐々に自分自身も含めて、人生を個人的なものとは見なさないようになるのです。

この非個人化は極めて有益です。というのは、それによって私たちは惨めさや身勝手さ、そして内なる批評家を含む個人的な攻撃から自分を防御することができるからです。

それはあたかも自己の感覚がより透明になって、ネガティブさが無害のまま通りすぎていくようなものです。

あなたは反応するに値しない物事に反応することが少なくなり、当然のこととして、不要でありながらもありふれている苦しみの多くが取り除かれることになります。

この瞑想には、ほかにも共通して報告されているいくつかの効果があります。多くの実践者が、誰かが自分を見ているとそのことに気づくと報告しています。

彼らは突然、自分に向けられた注意を感じ、その方向を見ると間違いなく誰かが自分を凝視しているか、追いかけているというのです。

また、多くの人たちはこのようにも報告しています。彼らの身体が「覚醒」し、ソフトボールの球場で私に起こったのと同じように、見えざる危険を回避しようと身体が勝手に動くというのです。

こうした効果はすばらしいものですが、もし私たちが開放を目指す道の途上にいるとすれば、それらは瞑想を実践する主な理由とはなりません。すべては一つであり、ほかには何もないのです。

瞑想の快適さ

一定の時間座る場合、慢性的な腰や関節の痛みがあればなおのことですが、私たちは姿勢に関する肉体的な快適さの問題に苦戦するようになるかもしれません。

瞑想中の適切な姿勢についてのルールはシンプルです。完全に身体を緩ませない範囲で、できるだけ快適な状態でいるということです。

正式な瞑想のポーズをとる必要はありません。あまりにも緩んだ姿勢になることは避けて、ただ快適に腰を下ろしてください。

身体を硬くして座るとすぐに疲れてしまい、瞑想の最中やあとで多くの痛みに苦しむようになります。また、過度に強張った姿勢をとっていれば、マインドが超過集中を起こして、早い段階で疲れてしまいます。

瞑想の秘訣は、特にプロセスの最初のほうでは、快適さと注意深さのバランスをとるということです。床に座っている場合であれば、瞑想中に注意深さを維持するために使える方法が二つあります。

一つは、力むことなく、背骨を軽く垂直に立てることです。特に背骨に問題や不均衡がある場合は、背骨が完璧に真っすぐである必要はありません。ほんの少しの注意力があればいいのです。

多くの人にとって背骨を完全に真っすぐに立てることは、神経の圧迫を引き起こし、すぐでなくてもあとになって身体がそのことを伝えてきます。

瞑想は意図的である必要はありません。実際、意図的でないときのほうが効果はよりパワフルになります。

また、注意力を保つために指先を使うこともできるのです。たとえば、仏教徒は注意力を保つ目的で特定の手のポーズをとります。

手のひらを上に向けた状態で、一方の手をもう一方の手の上に重ね、親指の先を合わせるようなポーズです。その結果、手で作られた円が生まれます。

しかし、よい瞑想状態に入るために特定の手のポーズは必要ありません。必要なことは、指先に少しだけ活き活きとした感覚を保つことです。

初心者にとって基本的でとても実用的なやり方は、指先を何かの上に乗せて休ませるのではなく、少し浮かせた状態にしておくことです。

たとえば手を足の上に乗せる場合は、指先が足に触れることなく、足の真上に浮いた状態にするようにしてください。こうすると注意力が失われず、眠ってしまうこともなくなります。

床の上に座ることができない場合は、椅子に座ることを考えてください。座ることが快適でないときは仰向けに横たわることもできます。

仰向けに横たわることの主な危険性は、眠ってしまうことと、アーチ状になった腰が痛みはじめるかもしれないということです。

腰の部分に問題がある人への一般的なアドバイスは、膝を曲げて踵を床につけ、足の間に心地よい程度のスペースを空けることです。

横になっているときは居眠りしないような仕組みが必要ですが、注意力を高めるために使える基本的なやり方が二つあります。

膝を曲げる場合には、曲げた膝が真上を向くようにし、どちらか一方に傾かないようにすることです。二つめの方法は、肘を床においた状態で、軽く握ったこぶしを宙に浮かせることです。

仰向けに横たわると、どうしても強い痛みを感じてしまう人もいると思います。その場合は仰向けではなく、身体の側面を下にして横になることもできます。横になるのに快適なほうの側面を選んでください。

もう一度言うと、身体の一部を浮かせた状態にすることで、リラックスした注意力を生み出すことが秘訣なのです。肘を宙に浮かせた状態で手のひらをお尻に当てると、楽にこうした要求を満たせるでしょう。

膝やこぶし、肘を浮かせている過程で血液の循環が失われてしまったときは、一度下ろして、血液がめぐってきてからまた持ち上げればいいでしょう。新しい血液がめぐってきている間は、指先を使って少しでも注意力を生み出すようにしてください。

どのような姿勢を選ぶにせよ、原則を意識していることが大切です。つまり注意力を失ったり、眠りに落ちたりすることなく、可能な限り瞑想の中でリラックスするということです。

数分以上、快適な姿勢を保つことができない場合は、広がった意識を維持しながら姿勢を次々に変えてみてください。

いずれにしても、私たちは動き《ムーブメント》の段階に進むことを探究しているので、痛みによって変更を余儀なくされることは、動きの中で瞑想をする能力を高めるための、うってつけの機会ともなります。

困難を活用することを続けてください。そうすることによって、あなたはさらに強くなれるでしょう。

最後の注意事項：快適さというのは相対的です。今日、あなたにとって不快であったことも、時間とともに快適になることもあります。たとえば、私は武道やランニングのトレーニング、その他の非常に労力が必要と思われる活動にいくらでも難なく従事できるので、瞑想はこうした活動をサポートしてくれます。瞑想があなたの人生全般を通してともに歩んでくれるように、あなたの快適領域（comfort zones）を確認しながら、それを拡大していってください。

第七章
精神の反逆を乗り越える

観察瞑想は、非常にパワフルであると同時に驚くほど簡単に実践できますが、それでもときどき難しく感じることがあるかもしれません。

そういう日には諦めてしまいたい気持ちに駆られがちですが、それはできれば避けたいところです。とにかく瞑想をしてみて、あなたがその葛藤を超えられるかどうか見てください。こうしたことは誰にでもときどきは起きることであり、あなたは決してひとりではありません。もちろん、私にもそういうときがありました。

私は正式な瞑想の先生に一度も師事したことがありませんが、幸運にも予想外の先生から非常に価値のあるレッスンを学びました。その先生は、瞑想中や日常生活における注意散漫さや精神の反逆を克服することについて、私を手助けしてくれたのです。

あなたが瞑想や人生からもっと多くを得られる手助けとなることを願って、私はこの学びをあなたと分かち合いたいと思います。

妻と私は、週末に散策をしたり、ピクニックをしたり、犬を散歩させる目的で東京にある大きな公園を定期的に訪れていました。ある日、その公園でひとりの日本人の少女が偶然にも私の先生になったのです。

ある日曜日、私たちは友人のユージとピクニックをしようという話になりました。ユージは奥さんと8歳になる娘のコトミを連れてきて、私たちは犬たちを連れていきました。

その中にレイラというチャイニーズ・クレステッド種の犬がいました。レイラはこの種の犬がたいていそうであるように小型の犬です。

コトミは本当に犬が好きで、私たちの犬のうちの一匹を散歩させたがっていたので、彼女にレイラのリードを持たせてあげました。

犬を散歩させることが初めてだったコトミは、とても興奮していました。レイラにとっても知らない人との散歩は初めてでした。

妻はコトミにリードの持ち方や、レイラが散歩中に彼女の脇を歩くようにする方法などを教えました。彼女は話を聞きながら、理解するようにうなずいていました。

私たちの小さなレイラはいつも行儀よく散歩していましたが、妻がリードをコトミに手渡すと、信じられないといった顔で私を見ました。両者の出会いが意地の張り合いに発展しようとしていることは明らかでした。

レイラはコトミの先導を完全に無視し、心ゆくまであちこちをクンクンと嗅ぎ回りました。コトミはリードにレイラの体重がかかっているのを感じ、すべてのテクニックを忘れて、自分の肩の上にリードを引っ張り上げて身を乗り出して歩きます。

レイラはこの見知らぬ人にしたがうことがいやだったので、リードにもたれかかって、少女に強く抵抗しました。コトミはまるでレイラがそこにいないかのように前に進み続けます。ある意味、私はレイラをかわいそうに思いましたが、肉体的に傷つけられているわけではありません。

レイラは新しい散歩の同伴者をテストしていましたが、これは今まで家族のメンバー以外の人と歩いたことのない犬にとっては珍しいことではありません。私は好奇心が湧いてきて、このシナリオがどんな展開を見せるのか知りたくなりました。

レイラは激しく抵抗していましたが、コトミがまったく気に留めていなかったので無駄に終わりました。コトミはただ公園にいることにワクワクしていたのです。

私は、彼女がリードの先に犬がいることを忘れてしまったのではないかと思いました。犬は戦いましたが、コトミはただ前に進み続けました。

5分後、私はレイラがあとどのくらい戦い続けることができるだろうかと思いました。10分経ちましたがレイラはまだ頑なな抵抗モードだったので、私は自分がリードを持とうかと考えました。

しかしそのとき、電気のスイッチが切り替わるかのようにレイラはコトミと一緒に歩きはじめたのです。以降、ずっと彼女は完璧な犬として振る舞いました。彼女はクンクンと匂いを嗅ぎ、尻尾を振り、コトミに自分を抱くことさえゆるしたのです。

コトミは初めての見知らぬ人であり、最初にうまくやってのけた人でした。彼女は参加していない戦いに勝ってしまったのです！　彼女は何も考えずに、ただ前に進んでいただけでした。

この体験のあと、私は「前進」の原則を瞑想に適用することにし、驚くべき効果を得ました。私はマインドが自分に協力してくれるという期待を捨て去り、かわりにただ前進したのです。

この原則は瞑想の中でどのように展開するのでしょうか？

あなたは瞑想中に何が起こるか知っているはずです。マインドは幾度となく注意散漫になります。あるいは肉体的な疼きや痛みに囚われるかもしれません。

そして次のように主張しながら、心理的な抵抗がはじまります。「正しくやれていない」、「雑念が多すぎる」、「今日は瞑想したい気分じゃない。明日にしよう」……

しかし、今というときが私たちが持てるすべてなのです！　昨日というのは決してなかったし、未来も決してやってきません。それは想像による作り話です。今、この瞬間に前進しているか、そうでないかがすべてです。

私は今という現実を認め、自分のマインドがどう感じているのかに関係なく、決められた時間は座って瞑想することにしました。注意散漫さや欲求不満に力を与えることはやめようと思ったのです。

私はマインドにはよい戦いをしてもらう一方で、より深いくつろぎと明晰さというゴールに向かって進もうと心に決めました。

私のマインドは仕事関連の問題について心配し、私がすでに知り得ていることについて思い出させようとしてきます。実際に起こったのは次のようなことです。

「テストに文法ミスがないかどうか、チェックしたのか？」

私は大きく息を吸い、身体全体を緊張させてそれを解放し、身体を緩ませて気づきの意識を全体に広げました。

「明日の朝一番にテストをプリントするのを忘れるなよ！」

私は再度緊張を緩めて、さらにもっと深くくつろぐと、再び全方位に気づきの感覚を開きました。

「忘れてはいけないのは……」

言葉の途中で、私は緊張を広がりの中に解放しました。

思考が湧いてくるとき、私は自分のマインドが少し苛立ったナレーションをしはじめていることに気づきました。「もう…また思考が出てきた」とか、「ああ、またか」とか、「いつになったら止まるんだろう」などです。

そのとき、思考に反応した意見というのもまた思考であるということに気づいて、こうした反応が起きるたびにくつろいで意識を広げようと決めました。

数分の間、包括的に解放したあと、二次的な思考は出てこなくなりましたが、最初の思考が湧いてくるとまだ欲求不満を感じていました。そのため、私は「呼吸―解放」のプロセスの中に感情も含めることにしました。

すぐに思考が遠くで感じられました。思考はまだ起こっていましたが、それが「自分の」思考であるという感じがしませんでした。

「呼吸―解放―拡大」を遠くで思考が起こるたびに続けましたが、しばらくすると明白な思考や感情は完全にやみました。

あとに残ったのは形を成していない、文脈を無視したほんの小さな瞬間的な思考や感情だけでした。気づきの流れの中のさざ波のように、それらは無意識の中から生まれてきました。

突然、私はどのようにマインドが働いているかの洞察を得ます。思考は、このような非常に小さな瞬きにマインドが習慣的に反応することからはじまります。

現在の瞬間から、気づきの意識を逸らすようにこうした思考を記憶でつなぎ合わせ、話や物語、イメージを効果的に作り出すことでマインドは反応するのです。

この気づきは、『**オズの魔法使い**』の中に登場する、カーテンの後ろにいる気の小さいペテン師を見たかのようでした。活力を奪う幻想は破壊されたのです。


沈黙……


前進するレッスンはうまくいきました。公園でコトミが小さな一歩を重ねていたのと同じように、私も時間を超えた明晰さの中へと一歩ずつ前進していったのです。それを遮ることができるのは唯一タイマー音だけでした。30分間のすがすがしい時間が過ぎました。

ですので、あなたが瞑想で座るときも何分間座るかを決めて、決められた時間座って、できるだけ深くくつろぎながら広がりの中へと入ってください。

マインドがあちこちを嗅ぎ回って反抗することを受け入れてください。くつろいだ気づきの意識を通じて前に進み続け、広がりの中に入るのです。

やがて何か予想外のことが起きるかもしれませんが、そう長くないうちにマインドはあなたの意図に従って、すぐに鎮まるようになります。

あなたがマインドに戦いを挑むのをやめたとき、さらに別の予想外のことが起こるかもしれません。それはマインドの予測や、意見、ナレーション、後悔、瞬時の再現などにあなたが関心を持たなくなるかもしれないということです。

直接的な体験を通してマインドに関する洞察を得ると、それと戦ったり修正したりする必要がなくなります。

戦いに疲れると犬はあなたについてきます。そして知らぬ間に、あなたは自分の瞑想と人生をサポートしてくれる新しい友だちを得ているのです。

第八章
感謝

「存在性」（存在であること：isness）のインスピリエンスのあと、私が唯一望んだことは存在性と調和して生きることでした。

私はその意識に戻りたいと切に願いましたが、私をそこへ導いてくれた瞑想をどんなに再現しようと試みても完全にブロックされてしまうのです。

インスピリエンスの最中に明らかになった私の自己の感覚と内側の不調和が、存在性へ戻ることを妨げていると感じました。

分離の感覚を引き起こしている内側の不調和をどう解決したらいいのか、私にはわかりませんでした。時間が経つにつれて欲求不満が徐々につのってきます。

私は答えを求めて祈りました。そして数年後、私はエレベーターの夢の中でようやく答えを受け取ることになります。

私は混雑したエレベーターに乗っており、最上階へ向かうボタンを押しました。最上階に近づいたとき、突然エレベーターがガタガタと揺れて停止しました。ドアを開けると階の間で止まっていることがわかりました。どうしていいのかわからず、みんなが不安になっています。

カチッと音がして、エレベーターが1、2メートル下降しました。もう一度音がすると今度は際限なく落ちはじめ、階を示すデジタル表示板が急速に私たちの死に向かってカウントダウンしていきます。

逃げ場がないことに気づいて、人々は理性を失って叫んでいます。私は今が自分の人生の最後の瞬間だと知ると、それが私にとってベストな瞬間であってほしいと思いました。

私の人生の光景が目の前にパッと浮かびました。最後の瞬間を迎え入れようと腕を広げると、私は心の中に大きな感謝の想いが込み上げてくるのを感じました。

よいこともわるいことも含めて、すべてから学ぶことがあったので、私は人生に対して完全な感謝の意を表して「ありがとう」と祈りました。そのとき恐れはまったくありませんでした。私は完全に自由で旅立ちの準備ができていました。

突然、エレベーターは速度を緩めはじめスムーズに一階に着地します。その瞬間、私は夢から覚め、これが私の祈りに対する答えであると知ったのです。

インスピリエンスを生きる秘訣は、存在するすべてのものに対する完全な感謝なのです。私のすべきことは二つありました。一つは、今この瞬間をできる限り完全に情熱を持って受け入れることです。二つめは、感謝を妨げている私の中のすべてのものを一掃することでした。

ついに向かうべき方向が明確にわかったのです。

私は最善を尽くして無条件の感謝を実践し、どの部分が自分に足りていないかを知ろうとしました。まもなくして、私は一日の中で感謝を感じていない時間がけっこうあることに気づきます。

しかし、少なくともそれを解決するために向かうべき方向と、実行すべきステップに関していくつかのアイデアを把握していました。

私には自分のブロックを解消するツールがありませんでした。ようやくツールを見つけるヒントとなるビジョンを見たのは、数年後のことです。

日本で学んでいた武道とヒーリングの技法を組み合わせることによって、防御すること、内面のブロックを解消すること、癒すこと、そして真理に目覚めることに一度に役に立つ新しい技法が生まれることがわかったのです。

私がこのビジョンを武道のインストラクターに伝えると、驚いたことに彼は興味を示してくれました。彼は、私たちが知識を交換することを提案しました。私が彼にセラピーを教え、彼が私に武道を教えるというものです。

私たちは毎日個人的に会って、その組み合わせから何が生まれるのか確かめようとこれらの技法を探究しました。

しばらくして、私たちはセラピーが身体に特定の感覚をもたらすことを発見します。その感覚に意志を適用すると、それを利用して武道のパフォーマンスを大幅に高めることができたのです。

私たちは包括的な瞑想を実践しはじめ、瞑想中に意図するだけでその感覚を身体の中に起こすことができるかどうか確かめました。私たちがその感覚を繰り返し見つけることができるようになるまで、長くはかかりませんでした。

私にわかる範囲でもっとも近い言葉でその感覚を描写するなら、それは非常に力強く、オープンな無条件の感謝ということです。おそらく私の見た夢やビジョンは、それに向かって私を導こうとしていたのだろうと思いました。

私はこの感覚を人生に適用しはじめました。毎朝一番に数分間の時間をとって、無条件の感謝に同調したのです。

私はこの瞑想を仕事に向かう電車の中や、学校の休憩時間の間、昼休み、道場、帰りの電車の中、入浴中、最後は寝る前にも行ないました。空き時間を見つけては感謝の想いに同調したのです。

私の武道の腕前は急激に上がり、インスピレーションがほとばしり、生活全体がより軽やかに明るく、そしてより意義深くなりました。

感謝瞑想

観察瞑想と同じ包括的な気づきの原理を使って、私たちは感謝の感覚を通じて次の地平に到達することができます。

初めに、観察瞑想がよい状態で実行できるようにしてください。包括的な気づきにしっかりと根を張ることができるようになったら、あなたが純粋な感謝の念を感じられる対象について考えてみます。

それを心に思い描いたら、身体の中にその感覚を感じる場所を探してください。多くの人は胸の部分に感謝を感じるでしょう。

それが何であれ、対象に感謝を感じれば感じるほどいっそうパワフルな効果を得ることができます。真に深い感謝には、明らかにパワフルな効果があります。

感謝を感じたらイメージを手放して、身体の中の感覚だけに注意を向けます。身体のあらゆる部分で同時に感謝を感じることができるかどうか確かめてください。

ある部分では、ほかの部分よりも強く感謝を感じられることに気づくかもしれません。あらゆる部分でむらなく感謝を感じることもできますが、そうなるまでにはしばらく練習する必要があるかもしれません。身体の中に壮大な感謝の感覚を感じることに慣れてください。

それでは、観察瞑想で行なったときと同じように感謝の感覚を全体に広げます。しかし、あまり意図的になりすぎないようにしましょう。

包括的な感謝の中でくつろぐように、その感覚を楽しんでください。あなたの身の周りにあるものを見て、感謝の想いがそれらの中に流れ込んでいくのを感じます。

できるだけ長い時間、無条件の感謝の場所に留まってください。ただし、あなたを瞑想から引き離そうとするものにも注意を向けてください。なぜなら、それに働きかけて、あなたを感謝から引き離すことがないようにする必要があるからです。

この瞑想を実践する際、そのつど力強い感謝の念で、自動的に身体全体を均等に満たす言葉を見つけられるかどうか確認してください。

正しい言葉を見つけることができると、身体はエネルギーで振動しているかのように感じられます。それは、私たちを次のプロセスへと案内する本当にすばらしい体験になります。真のインスピリエンスによって、すべてのものは無条件に感謝の想いで満たされていくでしょう。なぜなら、あなたはあらゆる物事の中に学びがあると知るからです。世界にはびこる恐怖の中にさえもです。

こうした結果を得ることは、あまりにもハードルが高いと思われるかもしれませんが、これが存在性へと至る道であり、究極的にはあなたの道であるということです。

難しく思われるかもしれませんが、諦めてしまうよりも感謝に取り組むほうが賢明です。毎日、少しずつ進歩し、特に怒りの感情には注意しながら前に進み続けてください。やがて、あなたは自分の感謝する能力が高まっていることに気づくでしょう。

あなたの中から感謝の想いがますます輝き出すにつれて、以前は受け入れることのできなかった物事がしだいにより消化されやすくなります。

変えることのできるものを変えてください。変えることのできないものを受け入れてください——あなたがそうできるまで。

人生のすべてに感謝しましょう。それが進むべき道です。

第九章
臨機応変に再プログラミングする

ここで少し科学的な考察をしてみましょう。

もし、あなたが瞑想に興味があるなら、おそらく「神経可塑性《かそ》」という言葉を聞いたことがあると思います。それは瞑想のコミュニティで話題になっている言葉です。「脳の可塑性」とか「神経の可塑性」とも呼ばれています。

ごく最近まで神経科学者は、人間は一度大人になると脳がほとんど変化しないと考えていましたが、近年の技術進歩によって脳内に生じる変化を観察することが可能になり、今では脳は生涯を通じて変化することがわかっています。

神経可塑性は、ミクロレベルの人間の神経細胞からマクロレベルの皮質の再配置にまで見られます。

ここで覚えておくべき重要な点は、脳は常にある程度は再構築されており、私たちはこの事実の恩恵を受けられるということです。

あなたが起きている時間帯に注意を払ったり行なったりしたことは何であれ、就寝中に脳の中で強化されます。寝ている間、資源は使用されていない通り道から取り除かれ、日中に刺激を受けた通り道に割り当てられます。

脳がいかに変化するのかに気づけば、私たちは脳の中で強化したいものを意識的に刺激することができるようになります。

あなたが包括的な感謝を日常的に行なっていないとしたら、あまり進歩は期待できませんが、毎日数分でも行なえば効果があります。昔からのことわざにもあるように、「使わなければ失われる」のです。

では、開放に関して言えば、私たちは神経可塑性をどのように活用できるのでしょうか。簡単なことです。あなたの脳はある特定の不調和な方法、それは開放に逆行する方法ですが、つまり折り畳みを作る方法で反応する習慣があるのです。

しかし、自分の感情や物の見方に関する非生産的な習慣があることに気づいたら、私たちは神経可塑性の原理を通じて変化を起こすことができます。私が自分の脳を訓練し直した方法は次のようなものです。

私は日本で初めて武道の訓練を受けはじめたとき、驚いたことがありました。先生はレッスンの最初と最後にわずか数秒しか瞑想の時間をとらなかったのです。そんな短時間でどうやったら瞑想ができるのだろうと不思議に思いました。

私はそれを理解し難く思いましたが、先生がトップレベルの武道のマスターであることを考えると、その方法には合理的な理由があるに違いないと思いました。何といっても、地球上には彼以上に武道に精通している人はほとんどいないのですから。

私は瞑想中に何をしたらいいのか先生にたずねました。すると彼は、「ただ頭の中を空にしなさい」と言います。とても簡潔な答えに思えましたが、私はなぜそれがたったの数秒なのか疑問に思いました。彼は、答えは私自身が出さねばならないと言いました。

このようにしてこれらの技法は伝承されるのです。先生を自分たちが目指すお手本とし、生徒はその秘訣を自分で発見しなければならないのです。私はこの件について答えを見つけるまで、かなり長い時間じっくりと考えました。

侍は、一瞬で高く研ぎ澄まされた意識状態に入らなければならないのだと、私は気づきました。瞬間的に動くには時間のかかる方法は適切ではありません。

そのことに確信を得る手段はありませんでしたが、私は中学校の教師として働きながら、一日を通して瞬間的な瞑想を実践しはじめました。

子どもたちがほとんどいっせいに思春期を迎えているため、中学校は非常に能力が試される職場環境です。ある日は天使のようだった生徒が、次の日には悪魔のように感じられます。どうして不作法に振る舞っているのか彼らにたずねても、多くの場合、彼ら自身にもわかっていないのです。そういうときはどうすればいいのでしょう？　言うまでもなく、欲求不満が高まっていきます。

私は瞬間的な瞑想をゲームとして行ないました。所定の時間内で授業計画のステップをこなすために、授業中は定期的に時計を見なければならないのですが、私は瞬間的な瞑想のリマインダーとして時計を使うことはいい考えだと思いました。

エレベーターの夢から気づきを得て、感謝を人生に取り入れることに興味があったので、私は包括的な感謝の感覚を生み出すため、忙しい日々の合間に瞬間的な瞑想をはじめました。

私の実践方法は次の通りです。時計を見るたびに、私は自分の内側に広がるスペースを意識します。仕事の性質上、普段の私の居場所はかなり騒がしかったので、私は瞑想をして穏やかな感謝の想いを起こしました。それに注意を向ける時間はほんの数秒です。

初めのうちは非常に難しく思えましたが、数週間もすると、明瞭で広がりのある感謝の想いを継続的に感じることができるようになりました。そして、それが喧噪の中に消えていくまで、しばらくの間はその感覚の中に留まることができるようになったのです。

瞬間的な瞑想がうまくいくことがわかったので、私は自分の内側のスペースが小さく狭まっていることに気づくと、すぐにその瞑想を適用しはじめました。

私のマインドがネガティブさの中で小さくなるやいなや、私はパッと感謝の中に入ります。さらに数週間、この方法を実践してみるとかなりの効果が見られました。

私は無意識のうちに神経可塑性を利用していましたが、あなたもそうなるはずです。

その実践に対して、あなたが与える重要性の度合いによって脳が反応する度合いも決まりますが、あまり意図的になりすぎないようにしましょう。

この実践を真剣にとらえ、あなたの人生における優先事項としてください。そうすれば反応のパターンが消えるにしたがって、今後は多くの折り畳みが形成されることを防いでくれるでしょう。

時間を要するでしょうが、費やすに値するだけの時間となることは間違いありません。

第二部

良心を解放する

第十章
学習された良心 vs. 生まれながらの良心

「存在性」（存在であること：isness）のインスピリエンスのあと、私は私たちが今まで行なってきたほぼすべてのことが、程度の差はあれ存在性とは同調しておらず、不調和を生み出していることに気づきました。私たちがインスピリエンスを生きていないのも当然です。

開放へと進むある地点において人は、意見、信念、宗教、文化、言語など、私たちが過去に教わったあらゆる物事を超越して統合性を受け入れることを選びます。

私たちの現実に対する認識が、信念、宗教、言語などの条件づけられた構造によって大きく拘束されていること、そしてまさにこうした構造が不調和を生み出して存在性を覆ってしまっていることに気づくと、人はそのような構造に深い疑問を持ちはじめ、身体の中にある自分の本質を感じはじめるのです。

なぜなら、気づきの意識と感覚の中でのみ溶解がはじまるからです。徹底的に探究したあとには、人は良心の中に大量の不調和が拘束されていることに気づきます。

簡単に言えば、私たちが行なったことや行なわなかったことの多くは、私たちの足を引っ張っているのです。多くの恐れ、後悔、恥ずかしさ、非難、罪悪感、恨み、痛み――こうしたものはすべて分離の感覚から生まれます。

良心の性質

良心には主な形態が二つあります。学習された良心と、存在性の良心です。

まず、学習された良心の性質について見てみましょう。感覚や気づきの意識を通して学習された良心を探究することによって、もう一つのより深い良心が姿を現わすかもしれません。

子どもたちが遊ぶということは生物学的な必須事項です。つまり、子どもの心理的な健康の一部は実際は遊びにかかっているのです。

子どもたちは遊ぶ必要があり、そうしたいと思う強い動機があります。したがって持続的に遊ぶ機会を得られるような方法によって、ほかの子どもたちと接することに大きな関心を払っています。こうした機会を得るために、子どもたちは公正に遊ばなければなりません。

もちろん幼い子どもたちは、必ずしも公正な遊びが持続的な社会的かかわりにつながると認識しているわけではありません。

子どもに公正な遊びについて教えることは親の仕事です。公正に遊ばない子どもは、まもなくほかの子どもたちに避けられるようになるでしょう。

3歳の子どもは非常に自己中心的です。そして自分の振る舞いを正そうという気持ちは、遊びたい衝動があるからこそ起こるのです。

遊びというのは、3歳児の通常の振る舞いから、少し自己中心的な態度を抑制するように誘導するニンジンです。

もし、子どもが嘘をついたり、わるいことをしたりして何か反社会的な行動をとれば、おそらく親はその子にそういう行動は公正ではないし、間違っていると伝えるでしょう。何度も行動を是正されると、親の声は子どもの「良心」に統合されます。

もちろん、子どもが成長するにしたがって、ほかの人々——先生、牧師、コーチ、雇用主——の声が学習された良心に加わり、社会でうまくやっていける人間を作ります。

人は大人になると、自分が属している文化や社会に貢献したり、サポートしていると周囲から思われることがしだいに重要になっていくのです。この大きく拡大した学習された良心を「**文化的な良心**」と呼ぶことにします。

文化的な良心とは公正さではなく、社会への適合に関するものです。そのため文化的な良心は、それが学習された背景から奇妙な結果をもたらすことがあります。

たとえば、外国人の多くは日本の蕎麦屋に行くと、人々が麺をズルズルと音を立てながら食べているのを見てとても不快な気分になります。日本ではこのように蕎麦を食べることは普通ですが。

音を立てて食べることが普通であるということを外国人が知ると、文化的な良心が強く警告してくる可能性があります。それに対して露骨な嫌悪感を抱くかもしれません。

この良心の機能は役に立つでしょうか？　母国にいるときはたしかにそうでしょう。麺をズルズルと音を立てて食べることは不作法で汚らしいとされているからです。もし、そういう食べ方をしているなら、デートの相手を見つけることは難しいかもしれません。

寛容な人たちにしてみれば、海外にいるときに文化的な良心を脇においておくことは簡単なことかもしれませんので、そういう人のために、ほとんどの人の文化的良心を間違いなく発動させるような粗雑な例を取り上げたいと思います。

身体のどの部分にムカムカする気持ちを感じるか気づくことによって、その発動から恩恵を受けることができます。失礼をおゆるしください。

鼻くそを食べることについて考えてみてください。すべての子どもたちは、猿でさえも、ある年齢に達するまで自然にそれを行ないます。猿はそれをやめることは決してないですが、人間はやめます。

どうしてでしょう？　鼻くそを食べることが身体にわるいからですか？　そうではありません。実際、鼻くそを食べることはあなたにとって非常にいいことなのです。

多くの病原体が鼻の粘液に捕らえられて乾燥します。その乾いたものを食べると身体の免疫システムが発動し、病原体に適応します。

鼻くそを食べることは本能であり、科学的に証明された自然な形のワクチン接種なのです。もし、社会が鼻くそを食べることをやめるように子どもたちに教えていなければ、私たちはみなそれを食べて、そのおかげでもっと健康になっていたかもしれません。

今、あなたが感じている嫌悪感はあなたの中にプログラムされていますが、生物学的にはあなたに利益をもたらしません。その感覚は公正さとは何の関係もありません。それは社会的構成概念にほかならないのです。

鼻くそを食べることを想像したとき、あなたの身体の中のどの部分に文化的良心が姿を現わしましたか？　その感覚をはっきりと言い表わすことができますか？　誰かがぬるぬるしたものを食べているところを見たとき、あなたのマインドにはどんな思考が走りますか？　それを書き留めてください。

思考は、「オェッ！　鼻くそを食べるなんて気持ちわるい」とか、「彼はなんて汚らしいヤツなんだ」などと話します。そうでしょう？

科学的に言えば、鼻くそを食べる人は身体にいいことをしているのです。このことを知っても、彼はまだ気持ちわるいヤツというレッテルを貼られるのでしょうか？

「鼻くその良心」は非常に強力であることがわかるでしょう。なぜなら、あなたは他人からどう評価されるかを恐れており、また鼻くそは不快な味だと思っているからです。

汚らわしいというレッテルを貼られることを望む人はほとんどいないし、これまで鼻くそを食べずに生きてきて、これから食べはじめようとはしないですね？

とは言え、もしあなたが食べるつもりなら、こっそりと食べていただいてよろしいでしょうか？　いいえ、あなたの車の中ではダメです。

海外に移動するとある程度は起こることですが、文化的な良心をプログラムし直すことは可能です。

私たちが暮らしている新しい社会に合わない文化的な良心は、少しも役に立ちません。日本の蕎麦屋で居心地よくするためには、あなたが非常に「寛大」でない限り、麺をズルズルと食べることに注意をしないように、文化的な良心をプログラムし直さなければなりません。

私は日本で暮らしているとき、この再プログラミングを経験しました。この経験は非常に有意義でした。鼻くそについては……ありがたいことに日本の人々は私の嫌悪感を共有してくれました。

海外に移って新しい文化を受け入れる人々が証明しているように、文化的な良心はプログラムし直せることがわかりますが、道徳的な良心についてはどうでしょう？

嘘をつくこと、不正を働くこと、盗みを働くこと、または殺人を犯すことについて、私たちの良心をプログラムし直すことはできるでしょうか？　驚くべきことに、それは可能なのです。

英国のコモン・ローにルーツを持つ文化は、すべての人は、たとえ犯罪者であっても、基本的なレベルで尊ぶべき存在であるという考えを共有しています。そうした文化圏では無罪が前提とされ、罪は証明されなければなりません。

しかしサウジアラビアのように、コモン・ローに基づいて人権が法制化されていない国へ移民するなら、またその国の価値観を受け入れるなら、私たちの良心は新しく受け入れた価値体系に沿うように変化するでしょう。

あなたは犯罪者の身体が切断されたり、首をはねられたりするのを見るために、群衆の中で列を成しているかもしれません。

海外に暮らす人々のほとんどは、新しい文化の中から受け入れて身につけたものを選んでいきますが、一方では決して同化せずに部外者のままでいる人もいます。

しかしあなたがそれを望めば、あるいは非常に柔軟な性格を持っていれば、確実にプログラムし直すことができます。

学習された良心が流動的であると気づくことは恐ろしいことです。なぜなら、私たちは自分の家族や文化やイデオロギーに基盤を持つ学習された良心がないと、2歳児の多くがそうであるように、自己中心的で無秩序な状態のままでいるだろうと信じているかもしれないからです。

学習された良心だけが、私たちが反社会的な人間になることを防いでくれると考えているなら、もちろん私たちは非常に暗い方向へと急速に向かっていることになります。なぜなら、自己中心的な欲望がすっかりまかり通るだろうからです。

実際、ある人を特定の価値体系または信条から引き離し、かわりにほかの価値体系も与えられなければ、それは心理的にかなり大きなダメージになるといわれています。その人は突然、とめどもない欲望の海の中で自分を見失うでしょう。

1800年代の後半、フリードリヒ・ニーチェが言った「神は死んだ」という言葉は世界を揺り動かしました。魅惑する天国も抑止力になる地獄もないなら、私たちはどうやって調和していけるのだろうかと人々は疑問に思ったのです。

自分に意味を与えてくれる神を失い、人々は目的なき人生の苦しみに失望しました。ニーチェの考えは、人間の精神への一撃となったのです。そして、私たちはそのダメージからまだ立ち直っていません。

ニーチェの宣言以前は、人生に意味はないという現代に見られる感覚は一般的ではありませんでした。道徳規範について教え、人生に意味を与える宗教が失われてから、道徳規範と意味は主観的なものと見なされるようになったのです。

最初は、人々は宗教にかわるものとして科学に群がりましたが、科学は必然的に道徳規範を避けます。道徳上の指針を失うことによって、科学とその副産物である発明は十分な時間を与えられれば人間性を破壊する可能性があり、また実際そうなるでしょう。

道徳規範と倫理観は人間の中に宿っています。こうした特質が科学を導くべきで、その逆であってはなりません。

幸いなことに、宗教の衰退以降失われていたもののかわりとなる、長い間見すごされてきたものがあります。そのかわりとなるものは、一度明らかになったら侵害することのできない生まれながらに持っている権利です。私はそれを生まれながらの良心と呼びます。

自意識が進化して以来、生まれながらの良心は、それ自身が明らかになるときを待っていました。生まれながらの良心は、宗教の産物や哲学、科学、または理想主義の精神に根差したものではありません。

それは、しばしば深い瞑想状態の中でインスピリエンスされる、存在するあらゆるものとの一体感から生まれます。

人は、「**存在するあらゆるものとのワンネス**」をインスピリエンスすると、他者を利用したいという願望がごく自然に消えてしまいます。

意識がつながっていることから、誰かほかの人から盗むことはあなた自身から盗むことと同じなのです。

したがって、私たちがインスピリエンスを生きる度合いに応じて、統合性が世界に輝き出すのです。

生まれながらの良心は私たちが生まれながらに持つ権利ですが、それに気づいている人はほとんどいません。生まれながらの良心が輝き出す時が到来しており、それはあなたからはじまります。

最初は、生まれながらの良心は微かにしか感じられませんが、インスピリエンスが繰り返し起きるとより具体的になります。

生まれながらの良心を見つけるためには、私たちは学習された良心の性質を理解しなければなりません。つまり、それを体の中にはっきりと感じることができなければならないということです。

私たちは人生の中で幾度となく学習された良心を経験しているのですが、今まではその経験の多くは反応性のもの、つまり無意識であったかもしれません。

学習された良心を意識的に体験するためには、私たちはその感覚を身体の中に探すことが必要です。その感覚の探究を通して、私たちは生まれながらの良心も明らかにできるかもしれないのです。

その探究の過程は極めて真っすぐな道のりです。学習された良心が、最後にあなたにはっきりと話しかけてきたときのことをただ思い返してみてください。何か物を盗んだり、大きな嘘をついたりしたときのことを思い出すかもしれません。

思い出している間、身体のどこに良心を感じるかに気づいてください。多くの人はその感覚を腹部か横隔膜のあたりに感じると思いますが、人によっては場所が少し違うかもしれません。

「あなたの」良心のある場所を感じたら、少し時間をとって身体の中のその感覚に慣れましょう。それはポジティブな感覚でしょうか？　それともネガティブな感覚でしょうか？その感覚を描写するにはどんな形容詞を使いますか？　読み進める前に数分の間、良心を探究してみてください。

心地よい感覚ではないですね？　どうしてかと言うと、学習された良心というのは、良心の声が身体の中に植えつけられて強化されたときに、あなたの両親や社会、そしてあなた自身が感じていた恥や非難、罪、欲求不満、怒り、恐れなど、あらゆるネガティブなものから生まれるものだからです。学習された良心には暗さがあります。

それでは、文化的な良心がどこに宿っているのか発見しましょう。あなたが自ら進んで、ある種の社会的不作法をしたときのことを思い出してみてください。

多くの人は、文化的な良心は胸の上部や頭などの高い場所から話しかけてきます。あなたの良心の場所がそれ以外であっても気にしないでください。大切なことは、あなたの身体のどこに文化的な良心があるのかということです。

それは身体の中でどのように感じられますか？　それを描写する形容詞はありますか？　数分の時間をとって文化的な良心を探究してください。

文化的な良心もまた心地よいものではありません。それは当然です。結局のところ、その根っこは異質なものに対する見解です。

学習された良心は不快なものですが、それは人間の成長の重要な段階であり、最終的には私たちを生まれながらの良心に導いてくれます。

生まれながらの良心はとても心地よいものです。なぜなら、それは存在するすべてのものとの一体感から生じているからです。

生まれながらの良心を言葉で定義することはできませんが、学習された良心のところで行なったように、意識的に身体の中の感覚を探ることによって、それに気づきはじめると言えます。

今のところは、生まれながらの良心は身体の内側のスペースに対する気づきと、つながりの感覚の中にあると言っておきましょう。

機能について言えば、生まれながらの良心は、身体の内側のスペースが何らかの形で歪んだり、縮んだりしたときにそれを察知すると言っていいでしょう。広がりの感覚が自然であればあるほど、生まれながらの良心はより正確になります。

先に述べたように、存在性を定義することは事実上不可能です。というのは、定義することは制限することだからです。

生まれながらの良心についても同じことが言えます。ですから、今のところ私の描写は、機能上の出発点にすぎないということをどうか受け入れていただきたいと思います。

存在性と同じように、生まれながらの良心は定義するべきものではありません。そうすることは分離感を強めることになるからです。

身体の内側とつながりに注意を向けることで、あなたは正しい方向に向かうでしょう。

第十一章
縮小

古代エジプトの神話によると、人が死ぬとき、その人はマアトの神殿〔註2〕で審判を受けると言われています。

そのプロセスは単純です。心が羽のように軽い人だけが、オシリス〔註3〕の天の王国に入ってもよいというものです。

心と羽の重さを比較するというのは、それを文字通りに受け取ると不条理な概念ですが、隠喩的に受け取ると魂を開くために非常に役に立ちます。

あなたの内側の感覚である「心」は、開放のプロセスを通して本当に軽くなり、今この瞬間のすばらしいインスピリエンスへと導いてくれます。

天国に入るために、死ぬ必要はありません。実際、マアトの神殿はあなたの内側にあるのです。審判を下すのは内側にある天国や地獄であるため、逃れる道はありません。

天国（ワンネス）に根差すものは天国をインスピリエンスします。地獄に根差すものは地獄（分離）を体験します。この真実はあなたの人生のあらゆる瞬間に適用されます。

私たちが良心を無視すると内側に歪み、つまりネガティブな感情が生じます。子どもたちは3歳にもなると、自分に有利になるように現実を歪曲しはじめると研究によって示されています。

頭脳が明晰であるほど、彼らは自己中心的に何かを手に入れるために早いうちから歪曲する可能性が高くなります。競争力に欠け、忍耐のない子どもたちは、うまく切り抜ける手段として物事を歪曲しがちになるのです。

社会的に受け入れられる競争力を養う努力をするかわりに、彼らはわるさをしたり嘘をついたりするかもしれません。往々にして、こうした子どもたちには不適切な態度を正す精神的指導者がいないのです。

嘘はどのように定義すればいいのでしょうか？　10人の人に質問すれば、答えは人によってちょっとずつ違うことがわかるかもしれません。

魂を開放する際は、進歩するために正確な定義が必要です。嘘をつくことや不正を働くことなどは偽りの行為です。よって、ここで私たちが注意を向ける対象は偽りです。

『メリアム・ウェブスター辞典』では、偽り（deceit）の定義を「**不正直で人を惑わす性質**」としています。

開放の目的のために、ここでは偽りの定義を「別であること（otherness）の感覚から生じる思考や感情を含むあらゆる行為や無為」としましょう。開放されつつある人にとって、この定義は今後ますます役に立つことでしょう。

当面は、内側のスペースを邪魔するすべての行為または無為、思考、感情に気づくようにしてください。これらのもので心が動揺しているときは、実際に身体はその瞬間、物理的に弱くなっています。

内面の不調和の原因に注意を向けるほど、私たちをブロックしているものに対する気づきも大きくなります。

［註2］マアト　古代エジプト神話の女神。
［註3］オシリス　古代エジプト神話の神。冥界の王とされる。

偽り

以前、私は窃盗罪で服役したことのある元受刑者と話をする機会がありました。窃盗は彼のフルタイムの仕事でした。

私は、彼に初めて盗みを働いたときのことを思い出すようにお願いしました。彼は次のように語ってくれました。

初めは、私は自分がきらいな子から物を盗みました。彼はいじめっ子で、私はどうにかして彼に復讐したいと思っていたのです。私は彼から何かを奪おうと決めました。そして盗みに詳しい友人からそのアイデアを得ました。

最初、私はそのアイデアにいい気持ちがしませんでしたが、彼がいかに私をいじめたかを考えれば考えるほど、彼にとっては自業自得であると自分も納得できたのです。彼に教訓を与えるためには、それは正しい行為なのだと私は自分に言い聞かせました。

それをする準備ができるまで数時間かかりました。私は怒りを自分の中に充満させました。

間違いだとわかっている多くのことを正当化するために、私は怒りを利用していたのです。それ以降、私は次々と盗みをはじめましたが、最初のうちは自分がきらっている人からだけでした。

しかし成功するたびに盗みは簡単になり、正当化する必要もなくなっていきました。しまいには私はあらゆる人々、私自身の家族に対してさえも盗みを働くようになったのです。私は一番度胸があったため、グループのリーダーになりました。ほかのメンバーが恐れをなしてしないことをしていたので、彼らは私を尊敬し、私はそれに気をよくしていました。

思い返せば、それは本当に馬鹿げたことでした。一度、良心のスイッチを切ったらずっと下り坂です。私は薬物に手を出しました。次に薬物を売りました。薬物の過剰摂取のため命を落とした人を私は知っています。

昔の友人たちのほとんどは刑務所に服役し、ホームレスの薬物中毒者になり、中には死ぬ人もいました。

私は自分のやっていることが間違っていると知っていましたが、決して認めませんでした――盗みはとても簡単なことだったのです。

この人は偽りの大もとをはっきりと示しました。偽りは、ほかの何よりも得策なことをしたいという願望にその根っこがあります。

彼の友人はみな盗みに手を染めていたので、彼にとっては仲間に溶け込むには盗むことがもっとも簡単だったのです。

彼らは公正に遊ぶことを学ばなかった子どもたちであり、忍耐に欠けた子どもたちでした。おそらく彼らの親は、社会化するために重要な年齢である2歳から4歳の間に、彼らに良心を教え込むことができなかったのでしょう。

この人は、たしかにうまく社会化された子どもたちから拒絶されていました。そしてそのことが、盗みに手を染めている若者とつき合うことにもなったのです。

明らかな偽りの行為が前もって言葉で理解されていなくても、思いつくだけで偽りが可能になるのです。

たとえば、ある大人が臆病な様子で振る舞っているとしても、その瞬間に「私は臆病だ」という思考が湧いている必要はありません。実際は、しばしばそうした思考が働いているわけですけれども。

臆病さは、おそらくずっと前に「私は臆病だ」という思考と同一化しながら、たいていは子どものころに受け入れられたのです。

自虐的な思考は、存在性との調和から完全に外れています。それらはネガティブな空気を作り出し、やがては世界の中に表現されます。思考は人を虜にする力があるのです！

もし、私たちが4歳になるまでに十分に社会化を学べば、おそらく私たちは反社会的で犯罪的な人生を送ることはないでしょうが、私たちはみな多少なりとも偽りを働いています。

「運動をはじめよう」――数週間後、私たちは家にこもっています。

「お金を節約しよう」――銀行口座の預金はどんどん減っています。

「甘いものは減らそう」――数日後、私たちはクッキーの入った瓶を手放しません。

一見すると「無害な」自己欺瞞は、盗みよりも縮小する感覚は小さく感じます。ひと粒の砂を一個の巨石と比べたときのように。

しかし自己欺瞞は非常に安易であるため、それはすぐに砂丘となって私たちを内側から重みで押し下げます。嘘の発言をするときは常に言葉が現実と一致しないので、私たちの内側に歪みや縮小、折り畳みが生じます。

縮小を経験するごとに、私たちの物事を成し遂げる能力は下がり、自尊心を損ないます。そして実行されない目標が増えるたびに、少しずつ明晰さが失われ、より多くのストレスや心配、落胆、目標の喪失、そして無益感を引き起こすのです。

人々はあまりにも縮小すると、目標を持とうとすることを完全にやめてしまうときがあります。彼らは難しいことや有意義なことに挑戦することをやめてしまいます。

この縮小した状態は非常に気の滅入ることであり、苦痛です。なぜなら、たいていそれは慢性的な痛みをともなうものだからです。内側のスペースとスピリチュアルな威光を取り戻すために、私たちの思考と言葉は統合性と共振しなければなりません。

極度に縮小している場合は、非常に小さくて実行可能な目標を設定することが不可欠です。そうすると、それらが少しずつ達成されるにしたがって内側に力強い感覚が育っていきます。

このようにして私たちは自分の道を少しずつ上がり、しだいにより大きな挑戦に向かっていきます。

どんなことでもそうですが、多くの小さなステップは、大きなステップよりも私たちを遠くまで運んでくれることが多いのです。大きなステップは私たちの軸をぶれさせ、エネルギーを搾り取ってしまいます。粘り強さが秘訣なのです。

約束を守らないことによる代償に気づいたら、私たちは生産的な変化を起こさせることができます。そのときまでは、私たちは単純に今、この瞬間にできるもっとも簡単なことを無意識に実行しています。

思考や表現が存在性との調和から外れるたびに縮小が生じ、あなたは身体に注意を向ければそれをはっきりと感じることができるでしょう。

私たちが何か本当はそうではないことを言うとき、歪み、分裂、弱さの感覚を身体の中に感じます。自ら積極的に嘘をつくことには、明らかに内側に歪みや分裂、またはエネルギーが壊れる感覚があります。

不真面目な目標を立てると、私たちのエネルギーは頭に上り、身体の残りの部分の感覚が不活発になります。反対に目標が調和的であるとき、統合された全体性の感覚があります。

単純に弱さを引き起こす行ないを少なくして、もっと全体性をサポートすることを行なってください。これは一つの矯正のプロセスであり、あなたは間違いも犯すでしょう。それはやむを得ません。

ほんの少しずつでいいので、ただ前に進み続けてください。気づきの意識をブロックしているものが小さくなるにしたがって、生まれながらの良心の精度は徐々に向上するでしょう。

身体は嘘をつきません。ですから、それを私たちの師としましょう。身体の声を聴けば聴くほど開放のスピードは早まります。

私たちが耳を傾けるたびに内側のスペースに対する感受性が高まり、私たちは道を外れたときにそれに気づくことがさらに容易になるでしょう。

このようにして自己は透明な器となり、そこから存在性の輝きが滲み出てくるのです。偽りが私たちの魂を拘束する方法は無数にあります。ここで偽りがとりうる形態のいくつかを紹介しましょう。

これから多岐にわたる偽りの分野をひと通り見ていきますが、生まれながらの良心と同時に学習された良心にも注意を向けてください。

そうすることで両者の違いに対する気づきを強化し、内側のスペースに対する感受性――開放されつつある魂の証明――を高めることができます。

内なる批評家と傲慢さ

「私は冷酷だ」、「私は十分じゃない」、「私は敗者だ」などという想いは、永遠に続くかのように思えるさまざまな自己中傷の一例です。いつでも内面の語り手があなたを縮小させようとし、あなたはそれを信じて語り手が勝利します。

あなたにはたしかに過去に犯した間違いがあり、向上させる必要のあるスキルがあり、正すべき行ないがあるかもしれませんが、その批判を個人的に受け取ることはまったく役に立ちません。存在性は何事も個人化することはないのです。

自己中傷に力を与えることを止めるために、あなたにとってもっとも馴染みのある中傷的な語りに気づいてください。あなたの内なる批評家はあなたに何と言っていますか？

心が語り出したら最後に聞こえた言葉を再生し、身体の内側に注意を向けてください。その声は身体のどこに宿っていますか？

多くの師は、その語り手に言い返して、ポジティブな発言で対抗するように勧めます。たとえば、私たちはそれにしたがって、「私は臆病だ」という発言には「私は勇敢だ」と言って反論するかもしれません。

このようなアドバイスは、いまだ自己の夢の中で遊んでいる人に向けたものであり、開放されつつある魂に向けたものではありません。「私は」という言葉に続く、縮小させたり膨張させたりするどんな言葉も真実ではありません。なぜなら、存在性は言葉を超えるからです。

ポジティブなものであれネガティブなものであれ、その語りにじっと耳を傾けてください。そうすればそれらは比較、つまり異質さに基づいていることがわかるでしょう。もし内面の語り手が、あなたは強いと言ったとしたら、あなたは誰と比較されているのでしょうか？　当然、誰かのほうが弱いということになります。

存在性は決して個人化したり、比較したり、何か特定のものと同一化したりすることはありません。なぜなら、そうすることで崩壊を引き起こすからです。

存在性はあなたの真の本質であり、思考がその本質と調和していないときに内側のスペースは小さくなり、歪みます。存在性は称賛を必要としませんし、それはあなたも同様なのです。

非同一化の原則にしたがって、内面の語りが自己を肥大化させる瞬間に注意を払ってください。その瞬間、知らないうちに身体の内側が膨張するのが強く感じられます。エネルギーは膨張するのですが、同時に不安定さもあり、緊張を引き起こします。

この状態は、自己中傷による縮小に比べると強さがありますが、あなたが熱心に道を進み続けた先でやがて発見するであろう透明な自己のパワーに比べれば、何ほどのものではないのです。

なぜでしょうか？　存在性はすべてのものを見ますが、それらを比べることをしないからです。

マインドは個人的利益のためにそうした比較を行ないます。マインドが自己イメージを肥大化させようとするときは、常に同時に他者をこきおろしています。

結局、もしあなたが強いとすれば、あなたは自分と誰を比較しているのでしょうか？　そのような比較をするためには、ほかの誰かがあなたよりも弱くなければなりません。

無意識のマインドは、あなたの言葉の選択に常に反応しています。存在性と調和していない言葉や感覚は不安定な結果を引き起こします。内面の語り手の性質を知ることで、信念や反論を通じてそれに力を与えることを止めることができます。

かつて私の武道の生徒のひとりが、「私は、この技が得意になってきています」と豪語しました。

私は彼に、あまりマインドに不注意にならないようにと言って戒めました。そして、「君は自分と誰を比べているんだ？」とたずねました。彼は「ほかの生徒です」と言います。私は、「彼らのうちの誰かがこの技が得意だと、どうしてわかるんだい？」とたずねました。

「なるほど……」

「私は自分はこの技が得意だとは決して言わない。多くの改善の余地があることを知っているからだ。それに私は自分と誰を比べているのだろう。スキルの低い人たちだ。私は上達することを常に求めているのだから、自分のスキルを自分より劣っている人と比べても何の役にも立たない。

スキルをどれだけ上達させることができるのかについては、上限がないということを心に留めておきなさい。〝よい〟というのは、それほど〝よくない〟人たちとの比較にすぎず、無意味な比較だ。継続的な向上を君の目標としなさい。自分は向上していると君が言うなら、私はそれに同意しよう。しかし自分がよいと考えてはいけない。それは有害だ。老子はこう言っている。〝敵陣にいる戦士のように注意深くありなさい〟と。敵陣とはあなた自身のマインドだ。それ以外にはない」

理想化

「彼女は完璧だ」とか「彼はすごくカッコいい」といった思考で、他者を精神的に持ち上げる場合はどうでしょう？

こうしたことを考えるときには身体の内側に注意を払ってください。このように理想化された人たちをあなたは誰と比較しているのですか？　理想化するということは、その過程においてて少なくともひとりの人を縮小させていることは間違いありません。

それはあなたです。

昔のことわざにあるように、もしあなたが誰かのことを完璧だと思うなら、それはただあなたが彼らのことをよく知らないからです。

非難したり称賛したりすることなく他者を観察してください。他人の目を通して見ているのはあなたなのです。あなたの心の奥をのぞいてみれば、あなたがもっとも欲しているものは、心から見つめられることだということに気づくかもしれません。

まるで同じ魂を共有しているかのように真に他者を見て、真に耳を傾けること以上に他者への偉大なる敬意を表する行為はあるでしょうか？

あなたが人々を「見る」ことをはじめるとき、理想化は消えていきます。なぜなら、根本的にはすべては一つだからです。

社会の中で私たちが教えられてきたほとんどすべてのことは、私たちの真の本質——存在性に反します。

したがって、存在性をインスピリエンスした人がほとんどいないことも不思議ではないのです。

お世辞

私たちのほとんどは内面に不安な心が潜んでいて、「あなたはとてもカッコいいね」とか、「あなたはとても美しい」とか、または「あなたは本当にそれが上手だね」と称賛されたがっています。

しかし今となっては、あなたはそうした発言に何かしっくりこないものを感じることができるでしょう。

多くの場合、このようなことを言う人は言外に自分が比較しているということや、あなたのことを真に見ていないと告げていることに気がついていません。つまるところ、現代社会では称賛することには大きな見返りがあるのです。

とは言え、あなたが相手のことをしっかりと見ていて、気にかけているということを示すことは非常に大切です。

私は師として、生徒がトレーニングで正しい方向に向かっていると、「ずっとよくなっているよ」とか、「正しい方向に向かっているよ」などと言いますが、「君は○○が上手だね」などとほめるようなことはほとんどしません。それは間違いだからです。

もし、あることに関しては私よりもその人のほうが上回っており、私がその人から学ぶことができると思っていることを知ってもらいたいときは、私はそのことをできるだけその人に伝えようとします。言葉に正確性を期すことはとても重要です。

ですから、善意からの称賛もあれば、操作するための場合もあります。子どもたちは称賛に見せかけた操作をいち早く身につけ、「お母さんが一番だよ」とか、「お母さんはすごくきれいだね」などと言うでしょう。

賢い母親は「何が欲しいの？」とたずねます。なぜなら、その子は何かが欲しいために自分の機嫌をとっていることを知っているからです。

こうした形の操作は、多くの人によって大人になっても続けられます。頻繁にお世辞を言ってくる人には細心の注意を払ってください。なぜなら、そのような賛辞はタダではないからです。

多くの場合、そういう人たちはあなたを利用しようとしているか不徳を償おうとしており、いずれあなたに影響がおよぶことになります。お世辞を言うことで彼らはあなたを自分の味方につけようとしているのです。

こうした人々に気をつけてください。同様にあなた自身の動機や内側のスペースにも気をつけてください。これが存在性への道です。

詮索性

『メリアム・ウェブスター辞典』では、「snoop」という動詞を「特にコソコソとお節介な方法で詮索すること」と定義しています。

他人との境界線を尊重せずに、自分とは関係のない一片の情報を得ようと詮索する人々を私たちはよく知っています。

未知のものを恐れるのは正常な生存本能です。立ち入り禁止区域では、暗闇に潜む捕食者に出会う危険性があるからです。

未知のものと対峙することは、人として成長し、智慧や徳を得るためには不可欠です。なぜなら、あなたが自分の恐れと向き合って内側のスペースを修復するのは、まさに暗闇の中だからです。

詮索したいという衝動は、人間的成長や智慧、または徳とは何の関係もありません。詮索性は他者の個人的な生活を気晴らしのネタにします。

友情を損なうことを知っているので、私たちのほとんどは過度に詮索しようとはしませんが、誰も見ていないプライベートな状況では詮索性が顔を出すかもしれません。

食料品売り場のレジに並んでいるとき、買うことはないとしても、『The National Enquirer』のような雑誌にあなたの目がどれだけ奪われているか、気がついたことはありますか？　あなたはこっそりと表紙に目をやって、どの有名人が離婚しようとしているのか知ろうとします。

ネットサーフィンをしているとき、あなたは自分が有名人のゴシップ記事をクリックしていることに気づいていますか？

正直に言えば、詮索は目的のない魅惑的な娯楽の形なのです。自分の詮索好きな部分が顔をのぞかせたら、内側のスペースに何が起きるのか注意を払うようにしてください。それは身体の中のどこに宿っていますか？　詮索性は監獄です。気づきがカギになります。

うわさ話

詮索性はあなたが他人のプライベートな生活を個人的に味わうことであるのに対し、うわさ話はそのプライベートな情報を第三者に発信することです。他人について話すときはいつでも自覚的であるようにし、言葉には細心の注意を払ってください。

うわさ話をする人の多くは、その内容が真実であると正当化します。それはかまいませんが、もしあなたがうわさ話をする人の雰囲気を感じようとしてみれば、その動機が明らかになるでしょう。たいていの場合は、意地のわるい身勝手さに満ちています。

うわさ話をする人は、ただ自分が注目を集めて気分が高揚しているだけで、意識的にいじわるをしようとしているわけではないこともありますが、彼らはやめることができないようです。こうした人たちは実際、うわさ話から得られる高揚感の中毒になっています。

ある人の役に立とうとして、個人のある種の傾向について警告することは公正なことかもしれませんが、人々を中傷して注目を集めようとすることはそうではありません。

他人について話をするときは、あなたの身体の内側の歪みを注視し、必ず動機を疑うようにしてください。

私たちの内側に潜むうわさ好きは、周囲の人々からの信用を完全に損ねてしまいます。なぜなら、彼らはみな心の奥ではいつか自分があなたのうわさのターゲットになるのではないかと疑っているからです。

うわさ話は、せいぜいあなたの足を引っ張る人を引き寄せるくらいであり、開放されつつある魂は注意深く避けようとするものです。

非難

単にそれを行なう頻度だけが私たちの適性を決定するというなら、私たちのほとんどは非難の専門家のようです。

しかしどういうわけか、私たちが軽蔑したからといって、ほかの人たちが変わるようにはどうしても思えないのです。

私たちは殺人犯を見て彼らを非難します。そして、もし自分が彼らの立場だったら違った振る舞いをしただろうと決めてかかります。こうした想定は、私たちの魂は彼らの魂からは切り離されているという信念から生じます。

私たちは、たとえ自分が彼らと同じ身体で生まれ、まったく同じ状況におかれていたとしても、自分は違っていただろうと見なします。彼らが間違いを犯した場面で、自分は正しい行ないをするだろうと想定するのです。

それが完全に理に適っているように思えたとしても、こうした想定は事実無根であり、傲慢でもあります。

あなたが今までに下してきた、あらゆる決断の背後にあった「力」について考えてみてください。それぞれのケースにおいて、その瞬間に感じた力にしたがってあなたは「選択」したのです。あなたはそのとき、もっとも強く感じた力に味方しました。

たとえば、もしあなたが身勝手にも何かを盗んだとしたら、そこには欲望の力や捕まることへの恐れ、良心の力といったものが、主要な力のほんの一例としてあるでしょう。欲望の力が恐怖と良心を合わせた力よりも強かったために、あなたは盗んだのです。ほかにはあり得ません。

なぜなら、あなたはいつでももっとも強い力に、または組み合わされた力に味方するからです。新たに見つけた英知や新たに加わった力をもとに以前の決断を振り返り、決断し直すことができるというのは幻想です。

現実は今であり、決断は今ある力で下されるのです。もし、過去の決断をもう一度やり直すことができるとしたら、あなたはそのときの決断と100%同じ決断をするでしょう。なぜなら、その瞬間に働いていた力は変わらないからです。

同じように、もしあなたが「犯罪者」の身体に生まれ、彼らと同じ状況下で育ったとしたら、あなたは彼らとまったく同じことをしたでしょう。それ以外はあり得ません。

自己が透明になり、分離のレンズを超えて魂が見えるとき、それは容器である身体に注がれた液体にたとえられます。

魂は、それ自身が世界を認識する媒体である容器の長所や欠陥に適合します。深いレベルでは、殺人犯は異なるフィルターを通して経験しているあなたなのです。

殺人犯に気をつけるべきではないと言っているわけではありません。それは無邪気すぎるし、危険なことでしょう。

存在性は殺人行為や不調和な思考、感情や行為へと導く歪みに十分に、完全に気づいています。ですから、そうしたものに気づくことは正しいことです。スピリチュアルな開放は馬鹿正直さではなく、全体的な気づきを受け入れるのです。

非難は純粋な気づきとは異なります。なぜなら非難は、分離の感覚、優越感、恐れおよび嫌悪感、またはそのうちのいずれか一方に基づいているからです。

殺人犯については断固たる行動をとらなければならないときもあるでしょうが、そうしたときにとるべき行動は、殺人犯は別の目からのぞいているあなた自身であると気づくことによって知ることができるでしょう。

あなたはまた被害者でもあり、被害者の家族でもあり、社会の中のあらゆる人でもあるのです。そのような気づきは殺人犯に関してどのような行動をとるべきか、あなたの決断に影響を与える強い力となります。実のところ私たちは世界全体なのです。

あなたの配偶者や子どもたちが、あなたにはよいとは思えないような行動をとっているとき、彼らの目からのぞいているのはあなたの魂であると考えてみてください。

次に、もし彼らがあなたであるなら、どうすることがあなたにとって一番いいのかを考えてみてください。

誰かを憎むとき、あなたはあなた自身の魂を憎んでいるのです。誰かを愛しているとき、あなたはあなた自身の魂を愛しているのです。あなたの魂は至るところにあります。愛か憎しみか――あなたはどちらを選びますか？

非難とそれを支える前提をよく感じてみて、非難があなたの人生の中でいかに反射的に起こるのかに気づいてください。

そうすることによってのみ、あなたは自分の人生が今よりずっとよくなり得るということを発見できるのです。

最小化

誰かが自分の犯した罪について謝罪するとき、たとえば「大丈夫ですよ」とか、「問題ないです」とか、実際は迷惑を被ったとしても、「いいですよ。まったく平気でしたよ」など、本当は真実ではない言葉を言って、その罪を最小限にしようとすることがよくあります。

最小化は相手の痛みを目にしたときの気まずさや、おそらく親切に思われたいという願望が元にあります。本当の謝罪は不快なものです。なぜなら、その人は自分の弱さをさらすことになり、非難を受ける可能性もあるからです。

正直になって、相手を非難することなく、あなたが本当はどう感じているのかを伝えてください。あなたはこのように言うかもしれません。

「あなたの心からの謝罪には感謝します。でも、あなたのしたことは本当に私の気分を害しました。なぜ、そんなことをしたのですか？」

相手が心から仲直りしようとしている場合は、あなたは関係を維持することに同意するかもしれませんし、そうでないかもしれません――それはあなたしだいです。

たとえ謝罪が真摯なものであっても、罪を最小化しようとしないでください。なぜなら、そうすることで相手がその経験から最大限に教訓を得る機会を奪ってしまうからです。

最小化したり非難したりせずに、その人に謝罪と和解を完全に消化させてください。ただ正直でいてください。もしその謝罪が本物であるなら、あなたは感謝を持って受け入れることもできます。

けれども、あなたがその人の親友に戻らなければならないということではありません。あなたしだいです。

内側のスペースを感じて、何が正しいのかを確かめてください。必要であれば気持ちをはっきりさせるために、その人と離れた時間を持つことをためらわないでください。

不満

不満を述べるのにふさわしいというときもありますが、ほとんどの場合は同情を求めたり欲求不満を吐き出すという形をとり、そこには不調和を修正しようという意図はありません。

一般的に、そうした不満は被害者意識や弱者意識の感覚の現われです。そのような感覚を抱くことは非常に縮小を促すものであり、それらの声に基づいて行動することはさらに望ましくありません。

もし、あなたが正真正銘の苦情を持っていて、関係者すべてのために問題を正そうとしているのなら、おそらく苦情を出すことは役に立つでしょう。そして、そうした不満は泣き言のように聞こえることはないものです。

それは根本的なところから発せられるものとして、真剣に受け止められる可能性がより高いです。

不満を述べる前に、自分の内面の語りかけと内側のスペースにしっかりと気を配ってください。なぜなら、こうした要素は、不満が統合性から生じている度合いを教えてくれるからです。結局のところ、それは根本的なものと泣き言のミックスであり得るのです。

もし泣き言を言いたい感じや、不満を言うことで個人的欲求を満たしたいという願望がある場合は、あなたの気持ちがはっきりするまでは、不満の銃はしばらくの間ホルスターに納めておいたほうが賢明かもしれません。

このようにして、私たちは開放への道において、統合性と前進する勢いを維持することができるのです。

あなたには直接、建設的な外的変化を起こす権限がないという状況も多くあるでしょうが、そのことがあなたの内側に建設的な変化を起こす妨げになるわけではありません。内側のスペースに注意を向けてください。英知は発見されるのを待っているのです。

政治的権力的位置

人々が自分のセルフイメージをアップさせるために使う一般的な方法は、そうするのにふさわしくないタイミングで教えることです。

あらゆる機会をとらえて自己をひけらかす人のことを私たちは誰でも知っています。えらそうに権力を振るう人々についても同じことが言えます。彼らは自分の優位な立場を大いに楽しみ、セルフイメージを高めるために利用します。

多くの場合、こうした人たちは極めて有能であり、博識であり、また高い技能を持っていますが、自分の地位を使っていっそうの努力をします。

彼らはいじわるな意図を持っているとは限りませんが、彼らが生み出す雰囲気は不調和なものです。

不愉快なのは次のようなことです。私たちのほとんどは、何らかの形で政治的権力的位置(positionality)に関係しています。そこに正当なニーズがあれば、私たちは権力を行使しようとするかもしれません。または、逆に権力を握ることを避けようとするかもしれません。

愛は欲求ではなく必要性に仕えます。私たちは、そうすることが適切な場合は、人に教えます。情報が足りない場合は聞きます。このことは普通、教えている最中でも聞くという意味です。

しかし、その動機が自己権力の強化であるなら、教えることは内側のスペースを縮小させることになり、魂をよりいっそう拘束することになります。

身体の中の政治的権力的位置は容易に検知可能ですし、小さな事柄で起こる検知の感覚に注意を向けると、大きな事柄でもはっきりと感じるようになります。

導くことが要求されているときは導き、追従することが必要なときは追従してください。教えることが適切なときはそうしてください。耳を傾けて学ぶことが正しいときは、そうすればいいでしょう。

旧約聖書にもあるように、天の下では何事にも決まった時期があるのです。[註4] 良心がその時期を見分けるでしょう。

[註4] 天の下では…　『旧約聖書』の「伝道の書」第3章第1節「天が下のすべての事には季節があり、すべてのわざには時がある」(日本聖書協会)

悪意のない嘘、残酷な真実

悪意のない嘘をつくことなく、人生を生きることは可能でしょうか？　そうした小さな嘘が、社会的な潤滑油となっていることをあなたは知っているでしょう。

以前、日本にいるときに、電車の中である年配の女性が私に話しかけてきたことがありました。彼女は自分の覚えた英語を練習したがっていました。彼女は自己紹介をし、私たちは会話をはじめます。まもなくすると彼女は称賛を求めはじめました。

「アメリカ人って、日本人の同年代の人よりもずっと老けて見えると思わない？　私は日本人の女性と比べてもすごく若く見えるって、よく人に言われるの。私、いくつに見える？」

そのとき、私にほんの少しの常識があれば、自分はそういう質問には答えないのだと彼女に伝えていたでしょう。

しかし、英知は私から逃れ、「70歳」と答えました。彼女の顔はたちまち真っ赤になり、「何て失礼なの」と言いながら、彼女は向きを変えて立ち去ってしまいました。私は彼女がそれを望んでいないと知りながら、本当のことを伝えたのです。

そのときの状況を振り返ると、私は彼女が称賛を求めていたことに対して軽蔑の気持ちを持っていたと感じられます。私の答えは無意識のうちに軽蔑――残酷な真実から生まれていたのです。

誰かがあなたにドレスが太って見えるかどうかたずねるとき、あなたはたとえ反対のことを思っていたとしても、悪意のない嘘をついて、「全然そんなことないよ。すごく似合っているよ！」と言いたい気持ちになります。

しかし、こういうときは嘘をつくよりも、その人の注意が再度、自分自身の感覚に向くようにしてあげたほうがよいのです。

人はたいてい、あなたが思っているほど自分の感覚に気づいていないものです。もし、あなたが自分自身のことを注意深く観察するなら、あなた自身も自分が思っているほど自分に気づいていないことがわかるでしょう。

このことを知れば、私たちは人々に対して、自分自身の内面の世界にもっと気づくように手助けしてあげることができます。

もし、誰かが私にドレスが太って見えるかどうか聞いたら、私は単純に「あなたはドレスを着てどう感じますか？」と質問するかもしれません。

たいていは、その人にどう感じているかを聞くだけで事足ります。それでもなお彼らが意見を求めてくるときは、私は彼らにもっと着心地のよい服を選ぶように提案するかもしれません。

ときに人は少し羽目を外したいと感じることがあるものです。もし彼らが自分の感覚に注意を向ければ、彼らは心地よさと羽目をはずす間のバランスをとることができるでしょう。

個人的には、私は人々が自分で決められることについては自分の意見を言わないようにしています。私にファッションセンスがまったくないということもありますが。

残酷な真実に関して言えば、ほかの人がどう感じるかにかかわらず、自分の思ったことを何でも率直に言う人がいることを私たちは知っています。

もし、あなたが彼らの不作法な傾向を注意すれば、彼らはおそらく誇らしげに、「ただ正直なだけだ」と自分を正当化するでしょう。しかし、よく感じてみると、彼らは他人を不快にさせようとして意図的に辛辣なことを言っていることがわかります。

多くの場合、残酷な真実はいじめの形態の一つです。ときには悪意ではなく、無神経さや愚かさから生じます。

関係するすべての人々の幸福に気を配る一方で、身体の中の感覚に注意を払って自分の動機を明らかにしてください。

ときとして率直さが必要なこともあります。たとえば薬物中毒の場合、家族や友人が単刀直入に介入することが必要かもしれません。中毒者本人が、自分や周囲のすべての人におよんでいる害について知るためです。

愛を持って正直でいてください。もし介入が拒絶されたとしたら、その人の人生にかかわっている力が強すぎて、そのときに克服することは難しいということかもしれません。

中毒やそれに内在する力は非常に強力である場合があります。あなたはただ最善を尽くしてください。

真実を語ることが、みんなにとってよいことではないように思われる状況があります。たとえば、あなたがナチス支配下のドイツに住んでいるとします。ナチの親衛隊があなたの家にやってきて、あなたの友人の所在を聞かれます。友人はそのときあなたの家にいます。あなたは真実を告げて友人の存在を知らせますか？　それとも嘘をつきますか？　もしあなたが真実を話せば、友人は逮捕されるかもしれません。嘘をつけば、兵士たちは何も知らずに立ち去るかもしれません。

かかわるすべての人の幸福に気を配るということは、嘘をつくことになるかもしれません。先のナチスのシナリオを鮮明に思い描いて、内側のスペースを感じてみてください。もう一度、嘘をついたときを思い描きながら感じてください。さらに真実を話したときを感じてください。

結果はどうですか？　このシナリオは実際にある神父に起こったことです。神父は、「彼がどこにいるのかわかりません」と正直に答えました。

というのは、まさにその瞬間、神父には友人が見当たらなかったからです。厳密に言えば、彼は友人がどの場所にいるのか正確に知らなかったということです。

おそらく、あらゆる状況に対してそのような魔法の回答が存在するのかもしれません。似たような状況に陥ったことがないので、私にはわかりませんけれども。

小さな課題について内側のスペースを感じることを練習し、徐々により重要なことについて取り組むようにしてください。

このような練習を行なうことで、未来に訪れるかもしれない困難に対する準備ができ、考え得る最善の解決法が自然に思い浮かぶようになるでしょう。

正直であってください。しかしいつのときでも、可能な限り感謝の気持ちを持ってそうしてください。そうすれば、あなたにとって開放のプロセスはずっとスムーズになるでしょう。

正直な人々は、あなたを取り巻く雰囲気を大変気に入り、あなたの独特な美点を受け入れるでしょう。なぜなら、彼らはあなたが彼らに最善のことがもたらされるように気を配っていることを知っているからです。

正直で明らかな感謝を受け入れられない人たちは、おそらく寄りつかないでしょう。彼らは不公正と手を組んでいるからです。

あなたが引き寄せたい人はどんなタイプの人ですか？

正当化

正当化は、私たちの人生の中で多くの方法によって現われますが、もっとも一般的な方法の一つは欲望に関するものです。

私たちの多くは、その時点ではおそらく所有するべきではないとわかっていながらも、何かを欲しいと思ってしまうときのことを覚えているでしょう。

十分な貯金がなく、その商品を購入するためにローンを組んだり、返済期間を延長したりすることもあります。

いずれにしても、私たちは本当はその商品を手に入れる準備ができていないのですが、欲望がとても強いために否定的な要素を軽視したり、最小に見積もったりしながら、無意識にどうしても欲しい物の長所を美しく飾りはじめるのです。

ひとたび正当化がはじまると、欲望はほぼ確実に満たされます。なぜなら、欲望は「理性」を首尾よく変性させ、私たちがその瞬間、できる限り健全な決断を下せるように状況を整理するかわりに、欲望を正当化することに奉仕するようになるからです。

高度に開放された人たちの特質の一つは、彼らにはほとんど欲望がないということです。そして、彼らの持っている欲望が何であれ、それが合理性を虜にするほど強いということはめったにありません。

私たちの隠喩としての紙が十分に開かれると（P11参照：註）、圧倒するような欲望というものは、ただ単に未解決の内側の不調和を隠す当て布にすぎないということが明らかになります。

この原理に気づくと、私たちはその不調和を感じて癒しのプロセスをはじめることができます。

正当化が内側に湧き起こっていることに気づいたら、それに興味を持つようにしてみてください。それは身体の中のどこに宿っていますか？　好奇心を持つことは欲望と正当化を超越するための最初の一歩になります。

無視

私たちの多くにとって、無視は人生の至るところに存在しています。私たちは、運動しないこと、遊ばないこと、目的を持たないこと、きちんとした食事をとらないこと、充分な睡眠をとらないこと、充分に親密な関係を持たないことによって、自分の健康を無視しているかもしれません。

また、家族を無視していることもあります。物理的には一緒に居ても、仕事をしたり、遊んでいたり、散り散りになったり、上の空だったりするからです。

自分自身や家族に対して、枠組みや規律を与えないこともまた怠慢と言えます。枠組みや規律は、穏やかさや愛情、遊ぶことと同じように重要な栄養素です。

私たちが怠慢になり得る分野は無数にあり、もしそうしたいと思えば、おそらく私たちのほとんどが自分が無視している事柄のかなり長いリストを作ることができるでしょう。

無視するたびに私たちの内側のスペースは小さくなります。家の中を歩き回って、何があなたに呼びかけているのか気づいてください。どれほど多くの物が何日も、何週間も、何カ月も、はたまた何年もあなたにのしかかっているでしょうか？

こうした物を感謝の気持ちを持って整理して、あなたの生活の中にバランスを見つけることをはじめてください。そうすることによっておそらく、少なくとも部分的には生活を大幅に簡素化することになるでしょう。

私は、一つの仕事にあまり長い時間集中することが難しく、休憩を挟む必要があるとわかっています。

時間をうまく管理しているときは、インスピレーションが弱くなりはじめているときに休憩をとります。たいていそれは精神的な疲れを感じ出す直前です。

「休憩」の間に、私は自分が無視してきた物事を処理します。たとえば机を少し整理したりするかもしれません。休憩の間に何をするかは直観で決めるようにしています。

意図的になりすぎないでいると、時間の管理、つまり生産性や創造性、整理整頓のバランスを上手にとることができます。

もし、あなたが疲労困憊の状態にあるなら、肉体や精神の負担にならない休憩をとることが唯一の選択肢です。

やらなければならないことをすべてやり遂げることが難しいときは、あなたの内側のスペースを空けるために、残務的なことを片づけることからはじめてください。今すぐ何か小さいことを実行してください。この本を下において、それを処理してください。

そうすればあなたはずっとよい気分になるでしょう。本はあなたの帰りを待っています。

遅刻

遅刻は、私たちの内側のスペースと社会に対して非常に破壊的です。常習的な遅刻の影響について考えてみてください。

まず、あなたの常習的な遅刻について「大丈夫」という人は、寛大に思われようとして嘘をついているか、その時間にやりたいことがほかにないか、遅刻を受け入れて自分の生活のほかの用事を先延ばしにしているのです。いずれの場合もよいことではありません。

生産的な人たちは、あなたが自分の時間を尊重していないことがわかると、あなたとかかわることをやめることがよくあります。

そうなると、あなたは開放をサポートしてくれる有能で生産的な人たちがもっとも必要なときに、生産的ではない人たちの中に取り残されることになります。

あなたが持っているほかの長所ゆえに、一定の割合の人たちはあなたとの関係を続けるかもしれませんが、それでもあなたが遅刻するたびに欲求不満を感じています。あなたの遅刻は常にリビングの中に鎮座しますゾウなのです。

欲求不満の感覚は健全とは言えず、あなたが気がついていなくても彼らとの関係を傷つけてしまうでしょう。

生産的な人たちの中には、あなたが遅刻の常習犯であるとは知らずに、あなたのためにあちこち電話をかけて謝ったり、予定を延期したり、キャンセルしたりするかもしれません。あなたの遅刻は、数え切れないくらいほかの多くの人々に迷惑をかけているのですが、あなたはそのことに気づかないかもしれません。なぜなら、多くの人は狭量な人間だとは思われたくないので不満を言わないからです。

遅刻は結果的にひどい混乱をもたらしますが、それでもまだ私たちは表面をかすった程度です。社会におよぼすもう一つの悪影響は、遅刻につきものの「急ぐこと」です。

出かける間際になって時間がないことに気づきますが、あなたはまだ出発の準備をしていません。あなたは突如、本来なら20分かかるはずのことを10分で急いで済ませようとします。そのような慌ただしい状況では何もうまくいきません。あなたの欲求不満は限度を超え、マインドがぐるぐると渦巻きます。車に乗り込み、至るところでスピードを上げ、赤信号や前を走る〝のろまな〟ドライバーに低い声で悪態をつきます。

あなたのハートはピーナッツほどの大きさになりますが、厳密に言えば、これはあなたが遅れる前に起こっていることです。

あなたの遅刻が他人に影響をおよぼしているとき、おそらく彼らはあなたの遅刻を補うことによる欲求不満に苦しめられているでしょう。また、欲求不満の度合いが強いときは事故も起こりやすくなります。

遅刻は、あなたの人生にどれほどの痛みや苦しみを引き起こしているのでしょうか？

さらに、自分に対して怒っているかもしれない人がいる部屋に入るのは気まずいものです。あなたは何か言い訳をしたり、嘘をついたりしますか？　それとも相手が何も気にしていないことを願いながら、何も言わずに「冷静に振る舞う」のですか？

あなたは遅刻を常態化させて、「これが私のやり方だ。人は私のありのままを受け入れるべきだ」といった考えで自分の行為を正当化しながら、他人がどう感じようと気にしなくなっているのかもしれません。

こうした選択肢はどれもはなはだしく不調和です。たとえあなたが謝ったとしても、その謝罪は本物ではありません。なぜなら、あなたは単にメンツを保とうとしているだけだからです。謝らないよりは確実にマシでしょうが、非常に大きな縮小をもたらします。

常習的な遅刻による多くの延期、取り消し、急ぐこと、欲求不満、事故、そして気まずい謝罪は社会全体に影響をおよぼします。

それは身体にとって破壊的に作用しますが、私の言うことを鵜呑みにするのではなく、身体の中をじっくりと感じてみてください。身体は嘘をつきません。

いじわる

いじわるは、怒りから生まれるちょっとした敵意や憎しみの形です。通常は愛する人との口論の最中に現われます。

それは、私たちがそのときに受けた感情的な痛みと同程度か、あるいはそれ以上の痛みを相手に与えることを目的とした言葉の報復です。

強烈なパンチを与えるために、いじわるな言葉が真実である必要はありません。いじわるを受ける相手が、その言葉に関連する不安を持ってさえいればいいのです。

普通は、悪意のある言葉は多少、真実を歪められているか粉飾されています。仮にその言葉が真実であったとしても、背後に悪意があるためにエネルギー的には本物ではありません。

いじわるは、それが大人同士であっても人間関係の中で普通に起こることだとされてます。

いじわるが社会の中で常態化することは、世界における破壊的な力が非常に大きくなることにつながります。

いじわるは人間関係や内側のスペースを台無しにします。人間関係の中でいじわるが普通のこととなると健全で生産的なコミュニケーションが崩れますが、それは人と人の間のミラーリングが急速に低下するからです。

ミラーリングとは、人が互いに交流する際に注意を払う度合いを表わしています。ミラーリングが高いときは、個人の欲望よりも人間関係を維持することが優先されるので、関係する人々はチームとしてうまく機能し、互いの幸福を深く気にかけます。

しかしミラーリングが低いと、怒りや欲求不満によって人々は対立関係に陥ります。パートナーの中に最善のものを探し出すかわりに、私たちはすべての間違いに目を光らせます。つまり、私たちはエネルギー的に間違いを呼び出しているのです。

ミラーリングが最低レベルに達すると、人々は諦めて離れます――親密さが失われてしまうのです。

一度、生まれながらの良心に気づくと、私たちはいじわるや別の形の悪意が持つ破壊的な性質に関して洞察を得るようになります。なぜなら、私たちはそれがいかに内側のスペースを崩壊させるのかを感じることができるからです。

直接的な洞察を通じて、私たちはいじわるが他者や社会、そして世界にもたらす破壊性を知ることができます。

悪意に関する洞察を得れば、人はもはやいじわるを働くことなく、その人間関係にとって最善になるように真実を採用したいと思うようになります。

こうした変化によって、怒りや欲求不満が生じることがなくなるわけではありませんが、それが一線を越えて悪意に変わるということはなくなるでしょう。

最終的にはマインドの中に悪意が生じることがなくなり、いじわるやその他の多くの不調和が終わりを迎えるでしょう。

真実を話すことができるということは、私たちの健康や人間関係、そして社会にとって必須です。私たちが、もはや力のある真実を安全に話すことができないと一度信じてしまうと、それは人間関係の中でミラーリングが弱くなることを意味します。

そうした人間関係を復旧させることは可能ですが、関係するすべての人に対して多大なる忍耐、気配り、正直さが前面に出る必要があります。

現在の社会を見てみると、いじわるがはびこっている一方で、ミラーリングは一貫して低い状態にあります。派閥の両極性はこれまで以上に極端になり、真実は冷えきっています。社会は限界点に達しようとしているのです。

普通は政策を通じて社会を正そうと望むものですが、真の解決策は私たちの内側からもたらされ、それぞれの個人的な人間関係を輝かせることにあるのです。

内側のスペースに注意を向けて、それをガイドとしてください。いじわるさが主導権を握っているときは、誰も勝者にはならないのです。

第十二章
良心に磨きをかける

不公正を探究してみると、私たちは日常生活の多くの場面にそれが現われていることに気がつきます。

私は探究すべき多くの分野について言及してきましたが、あなたの個人的な開放のプロセスにおいては、まだ発見されていないものがたくさんあります。

あなたが内側の広がりに注意を向ければ、あなた自身できっと残りのものを発見すると私は確信しています。

これまでさまざまな偽りの形態を見てきた中で、あなたはある分野については、自分にとってはほかよりもわかりきったことであると気づいたかもしれません。

今のところ言えることは、私たちには複数のボリューム調整装置があって、その中のいくつかはほかよりも高く調整されているということです。その違いは、学習された良心の結果です。

生まれながらの良心が前面に出るほど、さまざまな不公正の形態の間の相違は少なくなります。そこにあるのは広がりへの気づきと、それが縮小することへの気づきだけです。「存在性」（存在であること：isness）から生じる生まれながらの良心は、身体の中の細胞と神経システムの中にあります。なぜなら、存在性は至るところにあるからです。

あなたが存在性と同調しているとき、身体は瞬時にそのことを知らせます。そこには調整や統合、バランスのとれた広がりに対する強い感覚があるでしょう。

物事が存在性と同調しているとき、あなたの身体は生命力にあふれて、地に足がついており、啓発されるように感じるでしょう。その感覚は、インスピリエンスが弱まったときに起きることのある興奮とは違います。

そのような場合は、興奮は無意識の抵抗の形態です。興奮が起こったときは、身体の中をよく感じてみて、そのエネルギー的な不安定性に気づいてください。

存在性との同調は開放にとっては不可欠です。また、ここが人々が大きく的を外す重要な分野の一つです。

私たちの多くは、自分には高潔さがあると考えたいのです。しかし、真摯に内側のスペースを観察してみると、自分の狭量さに気づきはじめるというのが現実です。

これまで述べてきた不公正さの分野すべて、あるいはその多くに礼儀を尽くして対処しているものの、なお内側のスペースの抑圧に苦しんでいる人たちがいます。

何をするのかということだけではなく、そのやり方です。内側のスペースへの気づきを通した感謝が、その方法なのです。

感謝がなければ、たとえ私たちが何をしようとも、その結果もたらされるものは停滞と縮小でしょう。私たちは包括的な感謝を実践すればするほど、自分の内側のスペースに敏感になります。

包括的な瞑想は私たちに日常生活の中で目指すべきことを教え、習慣的なパターンを省みるための比較対象を与えてくれます。

最終的には、私たちは自分の日常生活の経験が瞑想と同じくらいにクリアで、広がりのあるものとなることを望んでいます。そうなったとき、私たちの人生はインスピリエンスとともに流れるのです。

生まれながらの良心を目覚めさせるには、いくつかのパワフルな方法があります。その一つは、生まれながらの良心の感覚に感謝することです。

あなたが内側のスペースを感じることに成功し、生まれながらの良心が少しでも明らかになれば、今後は以前には見えていなかった部分にもう少し気づくようになるでしょう。

生まれながらの良心の感覚に感謝することは、エクササイズとしては効力がありますが、最良の結果は日常生活における感謝からもたらされます。

内側のスペースを定期的に感じ、何が拡大や縮小を引き起こしているのかに気づいてください。なぜなら、そのような触媒はあなたのガイドとなるからです。

スペースが球状に拡大するような行為を増やして、縮小や歪みを起こす行為を減らしてください。もし、身体が内側に不調和があることを警告してきたら、あなたは単に立ち止まり、（もし必要であれば）謝罪し、方向を変えればいいのです。

もし嘘をついてしまったら、「ごめんなさい。口が先走ってしまいました」と言って、それから本当のことを言うことができます。

そうすることは最初は非常に難しいと思いますが、一度うまくいけば次回はずっと簡単になるでしょう。

もし、自分が間違った目標を立てたり、自分自身を中傷したりしていることなどに気づいたら、単に心の声を途中で遮って、すぐに穏やかさや包括的な感謝の中に入ることによってそれを正し、それから明晰さを持って前進すればいいのです。

私たちは、そのときどきでそのつど不公正について警告を受けているのかもしれませんが、たいていその瞬間はあまりにも無意識なために見すごしてしまっており、あとになってやっと何かが間違っていることに気づくのです。

そうして私たちはその日を振り返り、いつ不調和があったのかを発見し、感謝を通じて適切な是正措置をとることができます。

インスピリエンスを体験すれば、その場ですぐに修正するための気づきと能力がどんどんと高まっていきます。こうしたことを日々適用していくことは、この気づきのステージに到達するためには不可欠です。

最後に、学習された良心と生まれながらの良心に関する注意点を一つあげておきたいと思います。

学習された良心は否定的な感情と心の声をともないますが、生まれながらの良心は肯定的に感じられ、心の声はありません。

もし、あなたの心の声が、「おまえは嘘をついたからひどいヤツだ」というようなことを言ったとしたら、それは生まれながらの良心の声ではなく、実際は自己中傷であるということに気づいてください。

私たちが一度、内側のスペースに十分に気づいたら、生まれながらの良心がそれについて警告してくれるものです。

生まれながらの良心を強化する

注意：内側のスペースに対する自覚が高まれば高まるほど、あなたは良心の瞑想から多くを得るでしょう。また、良心の瞑想を実践する際は、あらゆる不公正に対して感謝を持って注意を向けるように心がけてください。

警告：この瞑想を真摯に実践することで、あなたの人生のあらゆる側面に存在する腐敗が根絶されるプロセスがはじまります。究極的には因果応報は避けられません。ですから、何がやってこようともそれを受け入れ、良心に気づくためにそれを利用することをお勧めします。心地よいことではないかもしれませんが、開放は太陽の光と虹のようなものばかりではありません。準備はよろしいですか？

良心の瞑想のやり方

1　タイマーに、この瞑想のために捧げたいと思う時間をセットしてください。瞑想のプロセスの基本的な感覚をつかむためには、少なくとも20分間はとることをお勧めします。

2　内側のスペースの大きさに注意を向けてください。それは胴体の中にあるほんの小さなスペースにすぎませんか？　胴体全体が開いていると感じますか？　そのスペースは身体の外側へとはっきりと広がっていますか？　どのくらい遠くまで広がっていますか？　スペースが大きいほど恩寵も大きくなります。スペースが小さいほど、私たちは人生の中で分離の感覚、身がまえる感覚、周りを壁で囲まれた感覚を覚えます。

3　一度スペースを感じたら、ただその感覚を宇宙全体に向けて広げてください。この瞑想では、感覚や感謝に焦点を当てる必要はありません。単純に宇宙に注意を向けて、宇宙とスペースを共有してください。

4　それでは、あなたの周りを見わたして、あなたに呼びかけているものに気づき、それに対処してください。

この瞑想を機会があるたびに実践し、自分を取り巻く状況を観察してください。あなたの良心は迅速に十分に鍛えられるでしょう。

そして、もしあなたが誠実であるなら、多くの難しい選択を迫られることになるでしょう。もっと簡単だと思っていましたか？

生まれながらの良心にしたがっていくにつれて、あなたの内側のスペースに対する自覚はいっそう深まり、相互につながり合う力やバランス、インスピレーション、洞察など多くのものが得られるでしょう。

一年間、誠実にこの瞑想に向き合えば、あなたは自分の変化に対してただただ驚きを持って振り返ることになるでしょう。

第十三章 感情に取り組む

これまで見てきたように、良心とは取り組む必要のある広大な分野です。

古代の宗教を見ても、その多くはある程度は良心の問題に取り組んでいるように思われますが、形式（戒律）に関することだけであり、原理（内側のスペース）にはかかわっていません。この欠陥によって人類は知性と英知の危険なアンバランスにさらされています。

私たちには、この惑星の表面から人類を一掃できる技術を考案するだけの知性があります。しかし、やがて時がた経てば、その技術が私たちをこの惑星から「**一掃するだろう**」ということに気づくほどの英知はないのです。

私は内側のスペースに対する自覚を通して、知性の英知に対する不均衡が早いうちに修正されることを願っています。

私はまた、私たちがどれほど不公正であるかに気づくことで、どれだけ圧倒される可能性があるのか知っています。

あなたにずっと呼びかけているもの、つまりあなたが着手するつもりでいても、実際にはできない多くの物事があることはたしかです。

あなたは芝を刈るつもりでいたけれども、芝刈り機が壊れていたのかもしれません。それを修理するのを一年近くも先送りにし、庭はジャングルになっています。ガレージは完全に壊滅的な状況で、寝室は乱雑なままです。

また、あなたは何カ月もの間、ある友人に手紙を書こうとしていますが、まだそうする時間的余裕がないのかもしれません。

もしくは不快だからといってずっと避けていたものの、その友人と話をする必要があるとわかっているのかもしれません。

間違った心の声、語りかけ、その他無数にある良心の側面については言うまでもないですが、取りかかる必要がありながらほったらかしにされている家族の問題は何ですか？　どこからはじめますか？

この旅をはじめる最良の方法は、小さな一歩を踏み出すこと――今すぐ不履行のことを一つ処理することです。明日はまた別のものを処理してください。

このようにして、あなたは自分にのしかかり、内側のスペースを縮小させていた不履行の物事の在庫整理に取りかかることができます。あなたの頭の中の声が聞こえてきます。

「でも、今は時間や労力がない。時間か労力さえあれば、こんなほったらかしの在庫は抱えていないだろうに」

しかし実際は、まさにそうした不履行の物事があるために、あなたには十分な時間やエネルギーがないのです。

あなたはぼんやりとしか感じられないので明確に考えることもできません。あなたにはエネルギーが少ないのです。なぜなら、あなたの家がエネルギーを奪っているからです。

あなたがどこへ行こうとも、そこにはあなたに対処するように呼びかけている何かがあります。私たちは勢いをつける必要があります。もし、あなたがもう何も行なうことができないとしても、一日に一つだけ処理しましょう。

少なくとも何か一つは行なってください。ガレージ全体に手を着けようとするのではなく、ガレージに入るたびに何か一つ物を整理するようにするのです。

あなたが一般の人と同じなら、おそらく不健全なくらいに多くの物を所有していることでしょう。毎日、何かを捨てることができるはずです。

重荷を軽くすることの利点はいくつかの要因によって変わってきます。一つはもちろん、あなたが行動を起こす度合いです。二つめは、あなたが起こす行動がどれだけの精度であるかに関連します。そして三つめは、あなたがそのプロセスを楽しむ度合いです。

その修正のプロセスにおいて、ブツブツと不満を言うことはあまり役には立ちません。なぜなら不平を言うことは縮小をもたらし、修正のプロセスとの否定的な関係性のために、おそらくあなたはすぐに諦めてしまうからです。

こうした可能性を心に留めながら、私たちは開放を促進し、人生にインスピレーションを迎え入れるため未処理の作業に手を着ける必要があります。

次に紹介する瞑想は、あなたがその未処理の作業に着手し、それを正確にこなすと同時に気分も爽快になる助けとなるでしょう！

あなたは物事を処理しながら楽しむことができます。そんなことは無理だと思うかもしれませんが、誠実に実行すればあなたはその結果に驚くことになるでしょう。

瞑想を通して整理する

今度の瞑想は、私が自分のセミナーで定期的に教えているものです。説明の通りに実行した生徒たちはみな気分がわくわくし、生産的であると感じています。あなたにもぜひ実行していただければと思います。

やり方はこうです。最初にあなたの家の中で片づけるべき場所、ここのところあなたに呼びかけている場所を選んでください。

大仕事である必要はありません。机の上や部屋の角など、あなたが今できる小さいことでいいのです。

内側のスペースを感じて大きく広げてください。そして、そのスペースを無条件の感謝と同調させてください。

その感謝の度合いを、あなたの周囲のものすべてが明るくなったように感じるまで強めていってください。

次はあなたの身体に導いてもらうようにします。持っている手綱を放して、身体が惹きつけられる場所へ行くにまかせてください。

もし、最初は身体がひとりでに動かなければ、ただ内側の感覚にしたがってください。ただし、その過程では身体に注意を向けていてください。何が目を惹きますか？　そこへ行ってみましょう。

あなたの目が、散らかったナイトテーブルに惹きつけられていると想像してみてください。そこにあるものすべてに気づいてください。

まるですべてのものが生きていて、どのように配置されたいのか示しているように感じながら、すべてのものに深い感謝の気持ちを投げかけてください。

さあ、リラックスして、目が惹きつけられることにまかせてください。それが最初に動かす必要があるものです。

「しっくりとくる」場所へ物を移動させる自分の身体を信頼してください。私たちは身体の中にインスピレーションと統合の感覚を探しているのです。

最初はその感覚を見つけるまでに、物をあちこちに移動させる必要があるかもしれません。

あなたがその感覚をインスピリエンスすればするほど、次に気づくことが容易になります。

そして、物の配置が正確であればあるほど、インスピレーションとしっくりくる感覚は深くなるのです。

自分自身にこのプロセスを探究させてあげてください。頭の中から外へと出るのです。

多くの人が報告してくれたことは、この方法を十分に練習すると身体が勝手に動きはじめて、ここの埃を払って、そこへ物を動かして、さらに位置を整えたり特定の物を捨てたり、または誰かにあげるためにとっておいたりするということです。

そして、それが本当に効力を発揮してくると動きが早くなり、正確になり、思考は関与せずに、ただ驚きしかありません。途方もないほどの解放感です。

この瞑想を毎日少しずつ練習してください。そして、あなたが放置してきたことを処理するために使ってください。こうして請求書を支払います。ゴミを出すのです。

この瞑想のプロセスを適用できる物事は、本当にたくさんあります。つまり、おわかりの通り、物事を処理することと同時に開放のプロセスに導くこともできるという方法なのです。その贈り物はいつでもここにあり、発見されて使ってもらうことを待っています。

絶えずあなたを悩ませていた未処理の作業に一度手をつけはじめると、人生の流れがずっとスムーズに流れることがわかるでしょう。

感謝の瞑想を行なうときは、あなたが家の中を歩き回り、あらゆるものが流れるように整頓されたいという願望を伝えることになりますから、ほとんど「存在性」（存在であること：isness）のインスピリエンスに近い体験となります。深く愛に満ちた感謝の想いで物事を整理することは真の喜びになるでしょう。

また、自覚的な感謝に基づく行為と、秩序に関する強迫神経症との違いを覚えておくことが重要です。

強迫神経症は極度の不安と脳内化学物質に根差しており、感謝ではありません。もし、私たちが感謝の瞑想を適切に行なっているなら、そのプロセスに否定性は存在しないでしょう。プロセスの中で嫌悪感を覚えることがあったら気をつけてください。私たちが十分に深い感謝に根差しているときは、たとえベッドの下にネズミの死体を見つけようとも、そこに嫌悪感はないのです。

第十四章
木を刈り込む

さて、あなたは放置していた分野に注意を向けており、内側には明晰さを感じはじめています。それはシャキッとした冷たい朝の空気を気持ちよく吸い込んでいるかのようです。

しかし、あなたは周りを見わたし、自分がやったことはゴミの山から空き缶を2、3個引っ張り出した程度だと気づいて、「こんなの無理だよ…」と不満をもらします。

仏陀、イエス・キリスト、または老子のことを考えてみてください。彼らには非常に多くの共通点があります。明らかな共通点の一つは、彼らはほとんど物を所有せず、簡素な生活を送ったということです。

彼らは宗教上の信条によって、物質的なものを放棄したのではないかと考える人もいるかもしれません。しかし私は、信条は彼らの人生とは関係なかったのではないかと思います。私は、スピリチュアルな信念から所有するものをすべて放棄し、森の中でひとりで自給自足の生活をして修行している人に何人か会ったことがあります。

彼らは、自分の人生に大混乱を起こしているスピリチュアル的な問題のために私に会いにきました。

彼らの長いストーリーを要約すれば、彼らは不幸でした。彼らは「物質の悪魔」から離れることで、至福の中で聖人のような暮らしができると信じていたのです。

それは間違いです！

当初の計画に反して彼らは精神的に落ち込み、まったく瞑想することができなかったのです。彼らは人との交流に飢えていました。すべてのことに飢えていたのです。

彼らは、自分の身体との絶え間ない戦いの場に自らをおいていました。そのような苦闘は開放とは何の関係もありません。実際、そうした苦闘の中には明晰さがないため、開放に大きく逆行するのです。

何が間違ったのでしょうか？　彼らは基本的な原理を知らず、型から入っていったのです。彼らはあたかも自分が悟っているかのように振る舞っていましたが、実際の悟りとは何の関係もありません。彼らは自分を聖人に似せていたのです。

彼らは身体が全面的に抵抗していたにもかかわらず、自分の愚行にまったく気づけないいくらいに信念に取り憑かれていたのです。

苦しんでいる世捨て人たちは同じ質問をしてきました。それは、「荘厳な自然に囲まれているのに、どうして私はこんなに空しく感じるのでしょうか?」というものです。彼らは答えを身体の中に求めるかわりに、たいていは再び強情さに戻っていくのです。

信念によって支えられる自己虐待、拒絶、強情さが彼らの苦しみの原因です。まさに彼らは覚醒という名のもとに自分自身を痛めつけていました。

「存在性」(存在であること：isness)は虐待とは関係なく、苦しみとも関係ありません。今、「在る」ものに対する抵抗が苦しみを引き起こします。

生まれながらの良心が、いかに開放のプロセスをガイドしているのかを一度理解したら、それに船の舵取りをさせることが賢明です。本物の聖人はみな、この真実に気づいています。スピリチュアルな慣習はそのことを大きく見すごしているのです。

あなたの生活の中でいかに多くの修正が必要かに気づいたとき、その圧倒されるような感覚について考えてみてください。悟った人はみな、同じ気づきを得ていました。

インスピリエンスを生きるためには、彼らは自分の内側の庭を刈り込まなければならないことを認めたのです。さもないと良心によって、突き通すことのできないバリアが築かれることになるでしょう。

良心の中に隠されたパワーと人間の身体の物理的な限界に気づいたうえで、正直に言えば、私たちには複雑な人生を管理することができないということを認めなければなりません。

次のステップは、不要物を剪定することによって生活を簡素化することです。剪定ばさみを持って夢中になる必要はありません。家を手放そうと考える前に少し時間をとりましょう。

一度に一歩ずつ、あなたの良心にしたがうだけです。ごく自然に、あなたの生活は少しずつ簡素化されていくでしょう。

これをはじめるにあたっては、対処すべきものに気づき、それらがあなたの人生の中でどんなふうに役立っているのかを自分自身に問います。内側のスペースを感じて、次に何をすべきかを把握します。

あまり考えすぎず、剪定のプロセスを通してとるべき道を感じてください。内側のスペースはどのように反応していますか？　あなたの身体は何をしたがっていますか？

「いつか値打ちが出るだろう」とか、「いつかこれを使う日もあるだろう」などという思考が湧いたら思い出してください。あなたの良心は、実際に声で語ることはないということを。そういう声がしたら、それは正当化かもしれないと考えましょう。

そして先ほどのように、剪定を通してとるべき道を感じて、大きな感謝の想いの中に留まるのです。最終的にどうするのかについて責任を負いましょう。ここでは権限はあなたにあるのです。

第四部

自己を超えて

第十五章
変容の鏡

もし、あなたがふたつの鏡の間に立ったことがあるなら、自分の姿が両方の鏡に映し出されて、無限に列をなしていることに気づいたでしょう。

私の子ども時代の家にはバスルームにそういう鏡があって、私はそこに訪れては無限に続く〝自分列車〟を見ていました。

その体験の何かが、来る日も来る日も何年もの間、私をその場所に連れ戻し続けたのです。私を惹きつけていたのは何だったのでしょうか？

数年後、私は日本の剣術と合気柔術を教えるために道場を開きました。そのとき私は伝統にならって、壁に神棚と呼ばれる小さな木の神社を設置しました。

神棚は扉のついた家の形をしており、中には御札が納められています。扉の前には鏡があって、神社を見るときは最初に鏡を見ることになります。事実上、あなたが祈るときに最初に見るものは「あなた」自身なのです。

内側の不調和について反省する

内側が鏡張りになっている球体の中心に、あなたが立っているところを想像してください。どこを見ても、あなたの鏡像が無限に引き伸ばされています。

次に、鏡がもっと近くにあると想像しましょう。あまりにも近いので、あなたの顔だけが限りなく映し出されています。目の中を覗き込んでください――しっかりとです。どんな感じがしますか？　真剣に取り組めば、とても心を揺さぶる体験になるかもしれません。

想像することが難しければ、あなたの顔がはっきりと見えるように、実際の鏡をすぐ近くで見てください。しっかりと長く見つめましょう。何があなたの視線をとらえますか？　どんな感じがしますか？

想像の鏡張りの球体に戻って、肉体のイメージをすっかり取り去り、鏡があなたの内側のスペースを映していると想像します。

何が無限に伸ばされているのでしょう？　もし内側のスペースがクリアでないなら、それが無限に引き伸ばされると考えるだけでうんざりするかもしれません。

この鏡のたとえは、世界に現出している真実とかけ離れているものではありません。内側にあるものは、私たちがほとんど気づかないうちに外側の世界へと投影されています。

私たちが無意識のうちに不公正や分離意識を無限の中に投影しているとき、どうすればワンネスをインスピリエンスできるのでしょうか？　内側の鏡を避けるかわりに直接そこへ足を踏み入れ、これまで避けてきたものと対峙してみましょう。

ただし、その際は心の声に語らせず、非難も称賛もしないようにします。それを観察し、感じるのです。

投影を見ることを選択することによって、私たちはまさに観察者の側面をうまく活用しています。

あなたは過去の瞑想体験の中で、おそらく観察者の側面に気づいたことがあるでしょう。観察者の側面が前面に出ると、身体の中や周囲で起きているすべてのものを非難することなく観察している崇高な静寂があります。

マインドが休息して観察者の側面が主となると、人はすばらしい明晰さを得ます。観察者の側面が魔法の鏡の中で自身を見たら何が起きるのでしょうか？　試してみてください！

あなたが得るものは瞬時の包括的な広がりです。あなたがほんの少しだけ無限の鏡のために時間をとるなら、身体の中に力強いバイブレーションを感じるかもしれません。身体はその周波数を好んでポジティブな反応を示します。

できるだけ日常生活の中でこのことを試して、歌の歌詞にもあるように「壁が崩れ落ちる」のを観察してください。

社会的な鏡

インスピリエンスを十分に経験することで、内側と外側の次元として認識されている二元性は薄れていきます。言い換えると、すべては一つであり、ほかには何もないという感覚が際立ってきます。

しかしながら、内側の広大な広がりの感覚や明確な良心、そして日々のインスピリエンスであるはずの洞察にもかかわらず、無礼にならないように生まれながらの良心に正直に他者と交流することには、いまだ困難を感じるかもしれません。

もし、社会生活について懸念があれば、私たちは真実について妥協し、調和を優先したい気持ちになるかもしれません。しかし、たとえ小さな妥協でも大きな代償をともないます。開放には勇気が必要ですが、私たちは無礼である必要はありません。もし、あなたが自分の意見をことさら主張したり、自身の品位を損なうこともなく相手を認め、相手の本音を明らかにするような方法で人々と交流することができるとしたらどうでしょう？

こうした方法を使えば、あなたは人々と社会的に交流することで相手から観察者の側面を前面に引き出し、あなたは面子を保ったまま、彼らの折り畳みを取り除く機会を提供することができるのです。

私はテクニックを教えることはまれですが、この方法は非常に簡単で誰にでもできるし、生まれながらの良心に役立つので例外的にお伝えしたいと思います。このメソッドを使うときは、必ず内側のスペースを観察しながら行なってください。

押しの強い友人たちが、あなたに一緒にビジネスをしようと圧力をかけてきますが、内側のスペースはそれに対して警告を発しているとします。

彼らは単純な「ノー」という答えを受け取らないことがわかっていますが、あなたは彼らの気分を害したくないし、不必要に関係を断ち切りたくもありません。

あなたが最初にできることは、あなたとビジネスをしようと考えてくれたことについて彼らに感謝することです。「え？　私のことを考えてくれてるなんて光栄だよ。ありがとう」と言うこともできるかもしれません。そう言うことで、彼らがあなたを認めてくれたことをあなたも認めているのです。

次に、彼らに断る必要がありますが、そのまま自動的に関係を断ち切ったり、あなたの内側のスペースを損ねることがないようにしなければなりません。

あなたは、「この件については自分の直観にしたがいたいと思うけど、どうかな？」と言ってもいいかもしれません。

この単純な問いかけは、問いかけられた相手の動機を鏡として映し出します。大半の人々は、あなたのことを少しでも尊重しているなら押しつけることはやめて、「もちろんだよ」などと言うでしょう。

なぜなら、そう返答する以外のことは、彼らがあなたの個人としての主権を尊重していないと認めることになるからです。

そしてあなたは簡単に、自分にとって正しいとは感じられないから辞退しなければならないと言って、完全に取りやめにすることができるでしょう。

もし、彼らが「いや、それはダメだよ」と言ったり、何らかの方法でプレッシャーを与え続けるなら、彼らは公然と自分本位の動機を認めていることになります。

彼らはあなたの友人ではないし、彼らもまたそのことを認めているのです。彼らにはきっぱりと「ノー」と言って、普段通りに生活してください。

あなたが崩壊した文化の中で暮らしているのでない限り、あなたの問いかけの鏡を見て、自分勝手に押しつけてくる人はほとんどいないはずです。そういう人は人を食い物にするような人です。餌食になりたくないなら立ち去ってください。

許可を求めながら行なう確認は並外れてパワフルです。もし、あなたが権威ある立場にいるなら、怒りの感情を呼び起こすような大声の指令のかわりに、相手の状況を認めたうえで、次のように許可を求めることもできます。

「君が非常に忙しいのはわかっているけど、私が頼んだ仕事にできるだけ早く取りかかってもらうことはできるかな？」

このように言うと、相手は怒りを感じるかわりに、あなたは自分に会うために時間をとってくれているし、自分が仕事をやり遂げることを信頼していると感じる可能性が高くなります。会ってもらえることや信頼してもらえることというのは、本当に気分のいいものなのです。心の深いところでは私たちは誰でもそれを望んでいます。

あなたが気づかないうちに、人々はあなたのためにいっそう努力をしていることでしょう。なぜなら、彼らはあなたが心の底から自分のためを思ってくれていると感じるからです。そうするように心がけてください。

かかわり方というものへのアプローチを簡単に変えるだけで、こうした交流の中に意識のパワーを生み出すことができます。内側の広がりに根差す正しい発言をすることで、人間関係の質は途方もなく向上するのです。

もし、ある人が問いかけの鏡を見ても不適切なことを続けるなら、あなたは彼らに自由を拘束されることなく前に進むことによって、あなた自身やほかのみんなを多くの欲求不満から救うかもしれません。

多くの場合、ただ情熱を持って前進することが人々をよりよい方向に変化させます。なぜなら、あなたがポジティブな生き方の模範となっているからであり、それはとてもパワフルなことだからです。

第十六章
透明な自己

「存在性」（存在であること：isness）のインスピリエンスから得られる予想外の効果の一つは、それが信念やイデオロギーを超越するということです。

存在性の光はとてもクリアで浸透性があり、完全であるため、思い込みや偏見、信念が崩壊します。生命、精神性、宗教、私たち自身に関連する考えなどは、根拠がないということが明確にわかります。

存在性は、私たちが執着しているすべてのものを焼き払う、赤々と燃え上がる愛の炎のようなものです。

どれだけ焼き払われるのかは、私たちがその炎にどれだけ長く耐えられるかによってのみ制限されます。十分に長い時間、留まってください。そうすれば自己の感覚さえ消滅するでしょう。

深く直接的な存在性のインスピリエンスを経ると、まるで存在性を通して世界に生まれ変わったかのように、すべてのことを新鮮な新しい目で見る視点が残ります。

最初は信念がないことに困惑するかもしれません。ほとんどの人は事実や真実に基づくのではなく、単に先生の自信やカリスマ性、人気ゆえに物事を信じます。

したがって、存在性のインスピリエンスによる影響の一つとは、それまでの知識や信念、偏見、思い込みに対する自信を失うことなのです。

人は自信のなさを弱さと同一視するため、存在性のインスピリエンスのあと、初めのうちは自分自身を弱いと感じ、またほかの人もあなたのことをそう思うかもしれません。

信念が欠如していることこそが、むしろ揺るぎない基盤であることに気づいて初めて自信は戻ってきます。

「でも、私は無神論者だから信念はありませんよ」と言って、人々はこのことに反論します。しかし無神論者でさえ、もし自己を信じているのなら、彼らは完全に信念にどっぷりと浸かっているのです。自己を信じることは信念のシステムのはじまりです。

内側のスペースに注意を向けることができれば、ほかのみんなもそうであるように、あなたは自分がどれほど自己に縛られているのかにうすうす気がつくでしょう。宗教、イデオロギー、信念、哲学、理念《イデア》、思い込み、トラウマ、習慣などが、まるで操り人形のごとく、どれほどあなたの身体をコントロールする悪魔のような存在であるかがわかるのです。

あなたがこれまでに抱いたことのあるほとんどすべての思考や感情は、それが霊性に関するものであっても、ほかと違うという感覚や分離の感覚に根差しています。そして、それは固定された自己、つまりあなたという疑われることのない前提に立っているのです。

あなたは突然、人々が気づきを覆い包む暗い夢――自己の魔力にかかって歩き回っているゾンビに似ていると気づきます。

あなたがこれまでに知っている人たちの誰か、それが「先生」であっても、よく見てみてください。

あなたがそうであるように、彼らもその暗い夢に囚われていることに気づくでしょう。彼らの言動のほとんどすべてはその夢に起因しています。

あなたは彼らに深く同情し、彼らが目覚めて自身で直接、存在性をインスピリエンスすることを助けたいと思いますが、その目的を果たすにはあなたは完全に準備不足です。人々があなたの思うことに耳を傾けるまでには多くのことが必要になります。

次のステップはあなた自身を新しく立て直し、存在性の機能的で透明な自己の表出として成長させることです。そうすれば、マインドが生み出す内側と外側の次元における無意識の分離はもはや存在しないでしょう。

それどころか存在性は、世の中で機能的な役割を果たす変化しやすいマインドを通して光り輝くことになるのです。

このような状態は、透明な自己と呼ぶことができます。やがて、名前や身体といったものはあなたではないという深い気づきが訪れます。なぜなら、あなたは存在しないからです。この感覚は、固定された自己の一部が顔を出してゾンビの姿が再び現われ、存在性の愛によって燃え上がるまで留まっているのです。

一度、信念が十分に焼き尽くされると、自己の感覚が幻であり、究極的には現実ではないけれども完全に偽物でもないということに気づきます。

自己には物質的な実体はないので、触ってわかるものではないという意味においては数学のようなものです。さらに、大きな力を持つという意味でも数学と似ています。

数学への投資は科学技術につながりますが、自己への投資は奴隷制につながります。愛を持って自己の服を剥ぐことにより、ワンネスが明らかになるのです。

目覚めた人にとっては、名前は身体を識別するだけのものです。住所が家を識別することと同様です。住所と家が同じものでないことは誰もが知っています。名前とは、一つの身体が別の身体を呼ぶことを可能にするだけのものです。名前はあなたではないのです。

いったん、この気づきが思考よりも深まると名前からの解放が促進され、自己の夢の中に透明性が増します。今や気づきはカーテンの後ろからそっと顔をのぞかせ、マインドの働きがどのようにして幻を作り上げているのかを見ることができます。

私たちが今、この瞬間に身体の中で起きているメカニズムを見るとき、幻想は不可逆的に破壊されるのです。

私は誰？　私とは何か？　こうした質問は思い込みに縛られた夢の中から生じます。目覚めた人はもはやこのような質問にはかかわりません。なぜなら、それらは夢のような自己のゾンビを呼び起こすからです。そしてそのゾンビが苦しみをもたらすからです。

穏やかに自己を見抜くことをはじめましょう。私たちはやさしくしなければなりません。

なぜなら、存在性の光が自己のくもりを通して輝きを放つとき、畏敬の念が生じ、続いて自己に拘束されたエネルギーの度合いに見合った形で苦しみがやってくることが多いからです。

心の声を観察して気持ちの高ぶりに注意してください。

透明瞑想

透明瞑想は、私が最初のうちは横になって行なうようにアドバイスする、数少ない瞑想の一つです。この瞑想で、私たちは自己受容感覚の限界を超えるかもしれません。自己受容感覚とは、空間の中で身体がどのように位置しているかを感じる感覚のことです。あなたが立っているとき、この感覚をうまくとらえられないと危険な結果を生む可能性があります。自己受容感覚はあなたの身体の精神的、感覚的な雛形です。

自己受容感覚とはどんなものかをつかむために、まず立って目を閉じ、右腕を90度前方に伸ばして、さらに人差し指を伸ばしてください。目を閉じたまま人差し指の先で鼻の先に触れてください。

このエクササイズをしているとき、あなたは自分の腕や顔が相対的に空間の中のどこにあるのかについて、あるイメージを持っていることに気づくかもしれません。このイメージによって、あなたはこの世界で機能的に動くことができるのです。

たいていの人は、最初に試すときは50％以上の確率で鼻をとらえることができませんが、自己受容感覚は訓練をすることで向上します。

ほとんどの人にとって身体の心的なイメージと感覚はしっかりと定まっており、身体の周囲にあるすべてのものから分離しているという強固な感覚を生み出しています。

この瞑想によって、あなたの身体の雛形の輪郭はより透明になるので、ワンネスの感覚が前面に出てきます。直観に反するかもしれませんが、この瞑想を行なうことで自己受容感覚は向上するでしょう。

透明瞑想を行なう際は、最初のうちは身体をブランケットで覆うことをお勧めします。というのは、血圧が大幅に下がり、体温の低下を引き起こして寒さで気が散ってしまう可能性があるからです。

この瞑想は、できる限り無知な状態ではじめることが好ましいのです。そのため、あらゆる期待や思い込みをできるだけ脇においてください。それらはプロセスの妨げになるだけだからです。

初めのうちは、この瞑想のために少なくとも30分は時間を確保してください。1時間だとなおよいでしょう。2時間なら完璧です。くつろいだ姿勢で横になって目を閉じてください。もし横になることができないときは、できるだけ心地よい姿勢をとってください。

透明瞑想では、私たちは自分の精神的かつ感覚的な身体のイメージ、つまり自己受容感覚に働きかけていきます。

私たちは、より軽く、より拡張された、より透明な内側のスペースへと向かうのです。進歩するためには、私たちは身体のイメージの「向こう側を見る」(see through) ことからはじめなければなりません。

時計の針の音のような外の刺激や、私たちの周りにある外界のことごとくを気にかけてはいけません。外側にあるものすべてを受け入れて瞑想を進めてください。

注意事項：この瞑想中に身体のどこかが痛んで動かす必要が出てきたら、あなたの気づきの背後で肉体的な調整がなされるのをただ許可してください。瞑想のプロセスを一番に優先させてください。

内側のスペースを球状に拡大させながら、もっともっと深くリラックスすることをはじめてください。内側のスペースを広げながら、あなたの身体の感覚がより軽く、透明になると意図してください。

スペースの広さが拡大し、身体感覚が徐々に消えていくにしたがって「存在する」すべてのものを瞑想の中に招き入れ、宇宙全体がどことなく軽く透明に感じられるようにしてください。

そうすることで、あなたは習慣的に感じている、存在するすべてのものからの分離の感覚を脇においておくことができます。

そのプロセスを何かがブロックしていると感じるまで、軽やかにスペースを広げ続けてください。何らかの不調和や思考、感情を探りながら、何がブロックしているのか問いましょう。おそらく、手放したり、ゆるしたりすべき否定的なものがたくさんあるでしょう。

しかし、人はそれぞれが独特なので、予期することなく、ただあなたの発見するものとともに進んでください。

もし、ある特定の不調和の性質を正確に識別することができなくても心配はいりません。ただ、その心の動揺の位置と大まかな性質を感じ、それをより軽く透明にして、徐々に消えていくようにしましょう。

この瞑想が上達してくると、あなたは呼吸がどんどん穏やかになっていくことに気づくでしょう。これは正常なことです。

穏やかになる呼吸とともにスペース拡大のプロセスを再開し、別のブロックにぶつかったらそれを調べて軽くし、手放してください。

上達するにつれて、あなたの注意を引く物事がどんどん小さくなっていきます。どんなに小さくて取るに足らないものに思えても、それらを手放してください。

あなたはもはや、自分の身体が呼吸していることにすら確信を持てないような地点に到達するかもしれません。ひょっとしたら、死んでしまったのではないかと思うかもしれませんが、そうではありません。

私の場合、この瞑想を数時間行なったあとに存在性の存在を意識的に認識しました。

私が負傷した足首の痛みを超えようとしていたとき、私は時間を気にしませんでした。私には瞑想すること以外の選択肢はほとんどなかったのです。痛みを超えるためには、私は「消失」して軽くなる必要がありました。

痛みは決して完全にはなくなりませんでしたが、遠くの背景に、つまりインスピリエンスの背後にある身体的な体験の中へと小さくなっていきました。

瞑想に深く入っていくために、まとまった時間を取りたいと思うかもしれませんが、もし時間が限られているなら、ゆるされた時間内でできるだけ深く入ってください。

もっとも重要なことは、すべての期待を手放すことです。なぜなら期待は突き通すことのできない壁のようなものだからです。

できるだけ純粋に瞑想に入り、内側のスペースをきれいに払って分離の感覚を縮小させ、ブロック地帯を解放してください。それを楽しむのです。

瞑想を終えたら、あなたがブロックだと感じたこと、中でも特に取り組む必要があるものを書き出して、それらについて何らかの行動を起こしてください。

そうして責任をとっていくことで、インスピリエンスが瞑想を超えて日常生活の中に姿を現わします。それはインスピリエンスの中で生きるということなのです。

存在性の性質

存在性とは、今ここに「在る」ものであると言いたくなりますし、それは極めて筋が通っているようにも聞こえますが、その言い方を振り返ってみると根本的な欠陥に気づきます。見方が固定されてしまっているのです。

私たちは、存在性を今ここに「在る」ものであると定義していますが、そうすると存在性を存在することに限定することになります。

しかし、存在性の真実は、マインドや言葉による表現能力を完全に超えています。それが「在る」と言うことさえ正確ではありません。「在ることと無いことのどちらでもあり」、同時にその「どちらでもない」のです。さらに、「その」表現すら正しくありません。

私たちの存在性に対する「認知力」は、インスピリエンスの深さによって制限されるのです。

浅いレベルでは、存在性とはただ、今ここに「在る」ものであり、言い換えれば、それはまさに今この瞬間の人生の体験です。単に直接性であり現存性（aliveness）です。

そのようなレベルでは、存在性に対する「知性」と見なされるものは存在せず、教示的な要素はありません。

インスピリエンスの奥深くに入っていくと、直接性は透明性に至り、さらに力強い全体的な臨在《プレゼンス》へとつながります。

それはワンネスの感覚であり、より力強い完全な知性へと導いてくれるのです。力強い完全な知性を一度知覚できると、そこには深い対話と学びが存在しています。

ノンデュアリティ[註5]の教えの多くは直接性で止まっており、ゆえにそれ以上のものは幻想で無意味なものとして無視されます。しかし、直接性さえ言葉では表わせないというのが現実です。

この瞬間が「在る」と言うことさえ間違いなのです。それが「無い」と言うことも同じく間違いです。

言葉や限られた人間の知覚力によって超越的なものを制限することは、要約したり定義しようとする試みであり、自己の罠です。

「すべては一つであり、ほかに何もない」という表現さえも、自己を解放する助けにはなりますが、最終的には超えられるべき制限状態なのです。

では、何が残るのでしょうか？

［註5］ノンデュアリティ　「非二元」のこと。「ふたつではない」という意味で、すべてに分離はなく、ただ純粋意識だけがあるという教え。

第十七章
マスター

自己が生まれるということは、偽りも生まれるということです。なぜなら、自己と他者の感覚が存在するときのみ、偽りの可能性が生じるからです。

しかし、偽りの可能性は徳も生み出します。偽りが真に内省され、それを超えたところにのみ英知が存在し得るからです。ここに自己をマスターすることの意義があります。あなたが誰であっても、また何をしてきたとしても自己をマスターすることは可能なのです。

かつて定義もされず、縛られず、澄みわたり、この上なく幸せな場所がありました。

そこには頼りになる支えと、サポートと、安らぎがありました。自分や他者の感覚もありません。恐れ、怒り、恨み、妬みなど、どんな苦しみもなかったのです。ただ、分けることのできない至福の時だけが存在していました。

やがて、奇妙な振動、緊張、運動がかすかな匂いと味とともに現われ、初めははっきりとせず、おぼろげで馴染みのないものでしたが、だんだんと強くなり、刺激的、魅惑的になってきました。次に音が続きます。安らぐ音もあれば不安になる音もあります。

こうした刺激のすべては、じわじわと前面に出てくるまでは分けることのできない存在(being)の背後にありました。

そのあと激しい圧迫感が起こり、寒さと飢え、のどの渇きがやってきます。そのとき分けることのできない存在(being)は背後にあり、こうした招かれざる感覚に簡単にやすやすとかき乱されています。

その感覚に続いて乳を飲み、泣き、そして微笑みます。ぼやけた画像が現われて、腕が動き、指が握ります。

無数の感情が湧き起こりましたが、快いものもあれば、そうでないものもありました。「ママ」や「パパ」という音は心地よく楽しい気持ちになり、刺激的でもありました。

少しずつ他者と相対的な身体についての理解力が育っていきます。そして、その理解力によって身体は他者を操縦しはじめます。

「あなたの」願望がいくつかの動きへと導くようなので、内側でコントロールする感覚が成長します。身体がひとりでに動いているように思われるときもありました。

身体に関連づけられたあなたの名前という音があり、それは耳に入って認識されればされるほど、「あなた」はさらに存在するようになります。

やがて、「あなた」というのは、その体験であるという感覚が常態化していきます。あなたは何が好きで何がきらいなものかがわかっていて、その中から選びます。

そして、それらの意見をはっきりと言葉で表わせるようになり、そのことによってあなたは自分が欲しいものを得たり、欲しくないものを避けることができるようになります。あなたは、「私は私だ」と言うでしょう。

少しずつ、あなたは自分の強さや弱さ、よくない傾向、外界における自分の居場所を知ります。そしてあなた自身や他人、世界に関する考えを持つようになります。

多くの感覚や思考、言葉が群がってきて、あなた自身の信念を強固にし、やがてそれは完全な現実だと思えるようになるのです。

心の声が「あなた」というものを強固にします。たとえば、あなたはエンドウ豆を食べてひどくまずかったので、心の声が「私はエンドウ豆がきらいだ」と言います。

あなたは成長しながら、自己の感覚が両親や近所の人たち、友人、学校、民族性、文化、才能、知識、職業、大学、そしてより大きな社会によって修正されます。こうしたものすべては、強さや限界も含めて今のあなたを作り上げる役目を果たしたのです。

霊性への関心が起こると、あなたは目覚めのテーマに惹きつけられていきます。開放が進むにつれて、あなたが自分自身であると信じていたものは機能上ほとんど必要なく、その多くは有害であるということに気づきはじめます。

開放がさらに進むと、自己はもはや真実とは思えなくなります。そのうち「あなた」という感覚は薄れはじめます。ある地点までくると、自己はほかの身体とのコミュニケーションを可能にする、身体に貼られた宛名ラベル以外の何物でもなくなります。

「あなたの」記憶はもはやあなた自身としては識別されず、記憶が追憶や後悔の念を通してあなたを苦しめることが少しずつなくなっていきます。そのかわり、それらは開放のプロセスと世界で機能することにもっとも役立ってくれるのです。

今や、あなたは記憶の苦しみからほとんど自由になっています。

これからは、「存在性」（存在であること：isness）と同調しないもの、役に立たないものはすべて疑われて探究されます。

先入観や思い込みは、信念や反応性を通じて「あなた」が力を与えていた無意識のエネルギーから引き離され、それらがエネルギーを失うにつれて平和が現われます。これは存在性を通して行なわれる、人の立て直しです。

自己がさらに薄れてくると、まるで自己の感覚が澄むように透明性の感覚が現われて、長い間失われていた分けることのできない存在（being）の感覚がだんだんと戻ってきます。人は一周回って戻ってくるのです。

こうして魂は無意識のワンネスから自意識過剰の奴隷身分を経て、透明な自己を通じてワンネスへと至ります。今や身体は分離の夢から解放されているのです。

古代の仏教徒は目覚めた身体を仏陀であるとしました。道教の信者はそれを仙人と呼んだかもしれません。初期のキリスト教徒は、それこそがキリストだと言うかもしれません。

しかし、目覚めた身体は決してそのようなラベルは信じません。なぜなら、名前をつけることは物事の個別化のはじまりであり、不変の現実ではないことを理解しているからです。

このように、透明な自己を通じて存在性は意識的に世界へと現われています。マスターはここにいるのです。

そういうわけで、身体は寺院です。マインド、自己、経験は一周回って原初に戻る完璧な道であり、世界に明かされることが待ち望まれていた命の源です。

そして、透明な状態で役目を果たすものだけを残して、自己の折り畳みのすべてがいったん取り除かれると、そのとき初めて存在性は制限されることなく身体を通して流れ出します。

あなたは今や自分が長い間探し求めてきた完全なるものが内側にあり、道を遮っていた一つひとつの石が、機能的なワンネスへ至る円環構造の中で次の一歩を前へ進めてくれるものであったことがわかります。

マインドを奴隷にしていた自己の暗い夢はもうありません。マインドは今、存在性がこの世で輝きを放つための神聖なツールの役割を果たしているのです。

そして、インスピリエンスとエクスペリエンス（経験）は同じ一つのものであり、不公正の中でこれまでに感じられ、思考され、発言され、行なわれたすべてのことは、純粋な存在を通してマインドと身体が再統合するために、間違いなく必要であったものだと見なされるようになります。

人は、その壮大なミステリーには偶然は存在しないとわかっていますが、どのようにしてそうなっているのかを理解しようとはしません。なぜなら定義することは制限して限定することであり、無意識の奴隷身分に舞い戻ってしまうことになるからです。

開放のプロセスにおいて、あなたは多くのものを与えられてきました。そしてイエスが言ったように、「多く与えられた者からは多く求められ、多くまかせられた者からはさらに多く要求される」[註6]ということです。

今こそ包括的な感謝、生まれながらの良心、無条件の気づき、透明な自己――究極的には存在性を通してあなたの人生を立て直し、世の中の役に立つときです。

良心が大きくなり、内側のスペースが広がるにつれて、真の自信や自己と他者を見る能力が開放されます。

また、内側のスペースの中で何が起きているのかを正直に認める能力と、他者に対しても同じように非難したり同情したりすることなくあらゆる状況を見て、耳を傾け、開放をサポートするような形で話をする能力も同様です。

あなたの人生は探究者のローソクに火を灯す炎のようなものです。その光を恐れる人々は自然に離れていきます。彼らを手放してください。あなたの仕事は彼らを救うことではなく、明晰さを保ち、あとのことは光にまかせることです。

「あなた」がより透明になるにしたがって、統合性の領域があなたの周りでどんどん大きくなり、人から人へと広がり、最初は透明性を恐れていた人たちも少しずつ共感を寄せはじめます。

今、あなたは形のあるものと形のないもの、有限と無限、一と多をつなぐポイントにいるのです。「**存在する**」すべてのものはあなたの中にあり、あなたはその中にあります。あまりにも完璧で愛に満ち、人の言葉では言い表わすことのできないほどの臨在《プレゼンス》、知性、パワーがそこにあり、それはあなたなのです。

今こそ内側のスペースを浄化し、苦しみを引き起こしてきたものに正々堂々と向き合って、あなたの人生に全責任を負うときです。そうすることによって、マインドの奴隷制度は終わります。

このようにして、自己の悪魔が天使となって働いてくれるようになり、身体は世界に向けて光の導き手《ビーコン》となります。すべては一つであり、ほかに何もありません。

あなたの人生でこれ以上によいことはありますか？

［註6］多く与えられた者からは…　『新約聖書』の「ルカによる福音書」第12章第48節

多くの幸運を願って

リチャードL．ハイト

読者のみなさんには、リチャードL．ハイトによる13部の音声シリーズ『日常生活の中で、スピリチュアルな権限を持つ』の特典を差し上げます。

http://www.richardhaight.net/audio-course.html

本書をご支援くださる場合、多くの方法がございます。レビューを投稿していただいたり、ツイッターでツイートやシェアをしていただくこともとても役に立ちます。本書を必要としているご友人に、一部プレゼントすることもできるでしょう。または、あなたのお気に入りの書店に頼んで本書を扱ってもらうことも素晴らしい方法です。

謝辞

スガ　ミチコ氏（1959年9月4日——2017年9月14日）を追悼して

初めに、私の武道の師範である大崎司善氏へ、謹んで心からの御礼を申し上げます。大崎氏は、私がこのスピリチュアルな開放へと至る道を探究するにあたり、多大なる時間を割いて、ご支援してくださりました。

ホールワークスプロダクションの編集者であるエド・ホール氏と校正者のヘスター・リー・ヒューレイ氏に対しても、心からの感謝を申し上げます。

ジャスティン・ヘイガー氏、クリス・コウケイ氏、セリーナ・リポンド氏、レノン・ピアース氏、ニコール・オーウェン氏、ジーン・アドリエンヌ氏、ビリー・アトウェル氏、そしてウィリアム・アルセニス氏には、早々に原稿に対するフィードバックをいただいたことに感謝申し上げます。

私の翼を舞い上がらせる風である妻、テルコ・ハイトにも感謝を捧げたいと思います。

自費出版（原書）は、費用のかさむ事業ですが、寛大な多くの方々からのご支援に恵まれ、出版に至ることができました。寄付金をご提供いただいた寛大なみなさまへの感謝の意を表すため、ここへお名前を列記させていただきます。

ダイアン・ファーディグ氏、トッド・ネルソン氏、ジェイソン〝ＪＪ〟ウー氏、キャサリン・リポンド氏、ゴードン・ハイト氏、ジム・ポスナー氏、アフメト・アラル氏、アンナ・サレ二ウス氏、スティーブ・ウィエック氏、ジーン・ホリー氏、トム・ゲイシンガー氏

本書の出版を助けるため、貴重なエネルギーを分かち合っていただいたみなさまへ、感謝申し上げます。

用語集

文化的な良心：人々が社会に適合することを助ける良心。

偽り：不正直であること、または人を惑わすこと。別であることの感覚から生まれる思考や感情を含む、行為または無為。

差別化される：性質がはっきりと区別されること、または異なること。

体験：出来事や現実を直接的に認知する行為または過程。

生まれながらの良心：存在するすべてのものとのつながりの感覚から生まれる、良心の一形態。

インスピリエンス：超越した、または条件づけられていない経験。インスピリエンスの語源は、インスパイアとエクスピリエンス。

存在性：存在するすべてのものの、もっとも根源的な基盤。形を持たないが、形あるすべてのものの中に存在する。魂と「存在性」（存在であること：isness）は同じものを指し、相互に置き換え可能である。

学習された良心：正しいこと、相応しいこと、道徳的に好ましいことについて人が教えられてきたこと。

神経可塑性：生涯を通じて成長し、変化する脳の能力。

自己：人の個別性やアイデンティティを構成する要素（身体、感情、思考、感覚など）の集合体。

魂：存在するすべてのものの、もっとも根源的な基盤。形を持たないが、形あるすべてのものの中に存在する。魂と存在性は同じものを指し、相互に置き換え可能である。

透明な自己：分離の夢から解放された身体。

解放すること：魂を覆い、縛ってきた自己の構造を手放すプロセス。

無条件の愛：存在性の直接的なインスピリエンスから生じる愛。無条件の愛は、心的状態やイデオロギー、哲学、信念ではない。

無条件の瞑想：形式に囚われない瞑想。

分けることのできないこと：異なる要素、タイプなどに分けることのできないこと。

開放：内側に存在性を発見するため、自己の感覚をほどくプロセス。

補足

無条件の瞑想

目　開いたまま
姿勢　最初のうちは座る
長さ　最初のうちは、少なくとも15分

感覚を球状に開いてください。視覚からはじめて、音、匂い、味、最後に身体の感覚を順番に感じます。できるだけリラックスし、徐々にこの瞑想の中に動きやその他の日常生活の活動を取り入れてください。

感謝瞑想

目　開いたまま
姿勢　瞑想者の自由
長さ　最初のうちは、少なくとも15分

「無条件の瞑想」で実践したように、球状に気づきを広げることからはじめます。あなたが純粋な感謝の想いを持っている何かについて考えてください。身体の中で、どこにその感謝を感じるか確かめます。その感覚を覚えて、イメージは手放してください。強制することなく、純粋な感謝の感覚を身体中に均一に広げます。最後に感謝を全世界と共有してください。

瞬間瞑想

目　開いたまま
姿勢　瞑想者の自由
長さ　2、3秒

時間をとって内側の動揺に気づいてください。それから瞬間的に、穏やかで、全体的な感謝の想いを瞑想します。できるだけ、その感謝の想いの中で、あなたの日常生活を続けてください。時計や定期的に起こる出来事をリマインダーとして、一日を通じて瞬間瞑想を実践してください。

良心の瞑想

目　開いたまま
姿勢　瞑想者の自由
長さ　最初のうちは、少なくとも20分

内側のスペースのサイズや度合いに気づいてください。広がりの感覚を宇宙全体にまで拡大します。リラックスして、このプロセスを楽しんでください。あなたの生活を改善するために、この瞑想を活用します。初めは小さなことを改善し、徐々に大きな課題に取り組みましょう。

整理を通じた瞑想

目　開いたまま
姿勢　瞑想者の自由
長さ　必要なだけ

片づけるようにと、あなたに呼びかけている場所に気づいてください。内側のスペースを広く拡大します。無条件の感謝に同調しましょう。感謝の強さが、あなたの周りで高まるようにします。あなたの目を惹くものに気づいてください。身体が行きたがっている場所を感じます。物がどのように配置されたがっているのかを感じてください。身体のコントロールを手放して自由に仕事をさせましょう。ショーを楽しんでください。

鏡の瞑想

目　開いたまま、または閉じたまま
姿勢　瞑想者の自由
長さ　必要なだけ

内側に反射している球状の鏡の中心に、あなた自身が立っているところを想像してください。自分の顔を確かめて、そこに何らかの不調和があるかどうか感じてみます。肉体のイメージを取り去って、球状の鏡にあなたのマインドの中身が映し出されるようにしてください。それがよいものであれ、わるいものであれ、醜いものであれ、自然に全世界に映し出されるものを感じます。最後に、自己の中身を脇におき、残っているものが鏡全体に映し出されることを許可してください。

透明瞑想

目　最初のうちは、閉じたまま
姿勢　横になるか、その他の楽な姿勢
長さ　30分から2時間

必要に応じて身体をブランケットで覆い、体温が下がりすぎないようにします。結果について期待を持たず、ただプロセスを楽しんでください。内側のスペースを全体に広げながら、もっと深くリラックスします。身体に対する知覚がより透明になり、やがて消えてしまうことを許可してください。注意を引いたり、この瞑想の進行を妨げたりするものはないか、スペースの中をスキャンします。その妨害物がより軽く、透明になり、やがて消えてしまうことを意図してください。そのまま瞑想を継続します。

著者について

リチャード・L・ハイトは、武道、瞑想、そしてヒーリングの技法の講師であり、『The Unbound Soul』、『A Spiritual Memoir for Personal Transformation and Enlightenment』の著者である。

彼が目覚めへの道を歩みはじめたのは8歳のころだった。そのとき彼はあるビジョンを見て、自分の人生を悟りに捧げ、見出したことを世界と共有することを固く約束する。その約束を果たすべく、12歳のときに最初の一歩を踏み出し、正式に武道の訓練を開始した。

24歳のとき、リチャードは日本へ渡り、剣術、棒術、そして合気柔術のマスターに師事し、訓練を発展させる。日本に15年滞在する間に、4つの侍の技法と操体法と呼ばれる伝統的なヒーリングの技法に対する師範免状を取得。

リチャードは自分の人生を通じて一連の深遠なビジョンを得るが、それによって最終的には、昔の霊的教師たちがしばしば語ってきたワンネスの気づきへと導かれる。この理解が彼の教える技法を変化させ、『The Unbound Soul』を執筆することにつながる。

リチャード・ハイトは、自身の著書、瞑想、武道のセミナーを通じて、あらゆる制限を超えて、いかなるレベルのいかなる人に対しても開かれた、世界的な霊的覚醒に点火することを助けている。

現在は、アメリカのオレゴン州南部に居住し、教えている。

彼は、真の霊的な悟りは、深い活き活きとした感覚、信頼性、純真さ、そして力強さをもってあらゆる生命を受け入れると説明している。それこそが、あなたが本当に探し求めているものである。

https://www.richardhaight.net/

インスピリエンス

●

2019年8月22日　初版発行

著者／リチャード・L・ハイト
訳者／上島香代子

編集／五目舎
本文DTP／山中 央

発行者／今井博揮
発行所／株式会社ナチュラルスピリット
〒101-0051 東京都千代田区神田神保町3-2　高橋ビル2階
TEL 03-6450-5938　FAX 03-6450-5978
E-mail　info@naturalspirit.co.jp
ホームページ　https://www.naturalspirit.co.jp/

印刷所／モリモト印刷株式会社

© 2019 Printed in Japan
ISBN978-4-86451-313-5　C0010
落丁・乱丁の場合はお取り替えいたします。
定価はカバーに表示してあります。

●新しい時代の意識をひらく、ナチュラルスピリットの本

分離なきものの愛のうた

カヴィータ 著
あらかみさんぞう、重城通子 訳

言葉にして伝えることがとても難しいとされる「非二元の真我」。本書はそこから受け取るひとりの生身の女性の感動と悦びを詩として伝えます。

定価 本体一五〇〇円＋税

ボクが地球を救う！
究極の真理についての対話

地球ひろし 著

平凡なサラリーマン、タカシが書斎でくつろいでいると、突然、ボクと名乗るへんてこな神様が現れた。悟り、幸福、お金ｅｔｃ、様々なテーマを熱く語る！

定価 本体一四五〇円＋税

頭がない男

リチャード・ラング 著
ヴィクター・ラン-ロックライフ 画
髙木悠鼓 訳

「私は頭をもってない！」知られざる20世紀の天才哲学者の生涯と哲学をイラストと文章で描いたグラフィック伝記。

定価 本体二五〇〇円＋税

悟りを生きる

スコット・キロビー 著
広瀬久美 訳

日常での「悟り」の実践書が登場！「すべては気づき」から「中道」へ。仏教にも通じる「非二元《ノンデュアリティ》」の内容が、シンプルにわかりやすく書かれています。

定価 本体一六〇〇円＋税

夢へと目覚める
明晰に生きることの贈り物

レオ・ハートン 著
古閑博丈 訳

〈意識〉は主体であると同時に客体でもある。そのようなものとして〈意識〉は自己発光している。「非二元《ノンデュアリティ》」の本質に迫る傑作！

定価 本体一五〇〇円＋税

ファンタジーの終焉

ダリル・ベイリー 著
溝口あゆか 訳

ファンタジーが解体すると、私たちである動き、存在であるより大きな動きが、それ自体として現れます！ カナダ在住の覚者の本。

定価 本体一四〇〇円＋税

サイエンス・アンド・ノンデュアリティ アンソロジー2DVD
科学と古代の叡智の合致するところを探求する！

サイエンス・アンド・ノンデュアリティ・カンファレンス 編
本田法子／河井麻祐子 訳

先鋭の科学者、現代の神秘家、著者、そしてティーチャーなど23人の会話を集成した画期的なＤＶＤ！ 圧倒的なボリュームの3枚セット！ 日本語字幕つき。

定価 本体一二〇〇〇円＋税

お近くの書店、インターネット書店、および小社でお求めになれます。

自己なき自己

アン・ショー 編
高橋たまみ 訳

ニサルガダッタの直弟子ラマカント・マハラジが語る真実。ニサルガダッタの系譜のマントラ「ナーム・マントラ」を使って自己なき自己に近づいてゆく。

定価 本体三三〇〇円＋税

意識に先立って

ニサルガダッタ・マハラジとの対話

ジーン・ダン 編
髙木悠鼓 訳

ニサルガダッタ、最晩年の書！『アイ・アム・ザット』と並ぶ代表作。意識を超えた究極の真実がここにある！ 多くの人を覚醒に導いた現代の巨星。

定価 本体二五〇〇＋税

意識は語る

ラメッシ・バルセカールとの対話

ウェイン・リコーマン 編
髙木悠鼓 訳

ラメッシ・バルセカールの大著、遂に刊行！在るという感覚、私たちの意識の本質についての長編。

定価 本体三三〇〇円＋税

生まれながらの自由

あなたが探している自由はあなたの中にある

ジャック・オキーフ 著
五十嵐香緒里 訳

思考という無意識の檻からの開放へ。アイルランド出身の女性覚者が、ダイレクトで、クリアにノンデュアリティを伝える！

定価 本体一四〇〇円＋税

覚醒の道

マスターズ・メッセンジャー

アルーナ・バイヤース 著
中嶋 恵 訳

著者が、インドの覚者、プンジャジ（パパジ）と出会うことによって覚醒していくストーリーを正確に記した自叙伝。

定価 本体二一〇〇円＋税

カシミールの非二元ヨーガ

聴くという技法

ビリー・ドイル 著
古閑博丈 訳

カシミールの伝統的ヨーガを発展させたジャン・クライン直伝の技法が心身の緊張と収縮を解き放ち、非二元に目覚めさせる！

定価 本体一七〇〇円＋税

絶対なるものの息

ムージ 著
広瀬久美 訳

日本で初紹介、今、ヨーロッパで人気のジャマイカ出身の覚者ムージを知るための絶好の本。

定価 本体一八〇〇円＋税

お近くの書店、インターネット書店、および小社でお求めになれます。

●新しい時代の意識をひらく、ナチュラルスピリットの本

早く死ねたらいいね！
リチャード・シルベスター 著
村上りえこ 訳
非二元の痛快なる一書！ 人はいない。誰もいない。すべては意識。タイトルは著者がトニー・パーソンズから受けた祝福の一言。
定価 本体一四〇〇円＋税

われ在り
ジャン・クライン 著
伯井アリナ 訳
非二元マスター、ジャン・クラインの初邦訳本！ ダイレクトパス（直接的な道）の叡智が輝く非二元最高峰の教えの一冊。
定価 本体一八〇〇円＋税

あなたも私もいない
リック・リンチツ 著
広瀬久美 訳
コーネル大学医学部出身の医師が目覚めて対話で答えた本。トニー・パーソンズ、ネイサン・ギルの系統の非二元の本質、「個人はいない」ということがよくわかる一冊。
定価 本体一八五〇円＋税

【DVDブック】マインドとの同一化から目覚め、プレゼンスに生きる
エックハルト・トール
ディーパック・チョプラ 共著
采尾英理 訳
スピリチュアル・リーダーたちによる覚醒・悟りの超入門DVDブック。映像と文章によって悟りの真髄が明らかに。思考が静まるとき、本当の自分が現れます。
定価 本体二一〇〇円＋税

オープン・シークレット
トニー・パーソンズ 著
古閑博丈 訳
ノンデュアリティの大御所トニー・パーソンズの原点。対話形式ではなく、すべて著者の記述による、「悟り」への感興がほとばしる情熱的な言葉集。
定価 本体一三〇〇円＋税

存在し、存在しない、それが答えだ
To Be and not to be, that is the answer
ダグラス・E・ハーディング 著
髙木悠鼓 訳
徹底的な「実験」で、存在・非存在を極めることにより非二元（ノンデュアリティ）を体得する簡単に試すことができる実験を重ねて、究極的な意識改革へと導かれる書。定価 本体二三〇〇円＋税

プレゼンス
第1巻／第2巻
ルパート・スパイラ 著
［第1巻］溝口あゆか 監修／みずさわすい 訳
［第2巻］高橋たまみ 訳
ノンデュアリティのティーチャーによる、深遠なる探求の書。今、最も重要な「プレゼンス」（今ここにあること）についての決定版。
定価 本体［第1巻 二一〇〇円／第2巻 二二〇〇円］＋税

お近くの書店、インターネット書店、および小社でお求めになれます。

すでに愛の中にある
個人のすべてを失ったとき、すべてが現れる

大和田菜穂 著

パリ在住の日本人女性が、「非二元《ノンデュアリティ》」に目覚め、それをわかりやすく解説！ 「目覚め」と「解放」の違いとは？ 「夢の現実」と「ナチュラルな現実」とは？

定価 本体一四〇〇円＋税

“わたし”が目覚める
マスターが体験から語る 悟りのお話

濱田浩朱 著

元バーのマスターが一瞥体験や脳梗塞の経験を通して、またさまざまな気づきを通して、「悟り」を語る！

定価 本体一六〇〇円＋税

今、永遠であること

フランシス・ルシール 著
わたなべ ゆみこ 訳

ダイレクト・パスの第一人者が、ノンデュアリティ（非二元）の本質について、わかりやすく、哲学的に語ります。ノンデュアリティの真の理解のために役立つ本。

定価 本体一七〇〇円＋税

愛のために死す
DIE TO LOVE

ウンマニ・リザ・ハイド 著
広瀬久美 訳

イギリスのノンデュアリティ女性ティーチャー、ウンマニさんの初邦訳本！ 愛に生きるには、あなたのエゴが死ぬ必要があります。体が死ぬわけではありません。

定価 本体一四〇〇円＋税

もっとも深いところで、すでに受け容れられている

ジェフ・フォスター 著
河野洋子 監修
坪田明美 訳

イギリスの若手ノンデュアリティの旗手の邦訳本、初登場！ すべては受け容れられていたのだ！ そこに気づいたとき、「解放」が起こる！

定価 本体二三〇〇円＋税

最初で最後の自由

J・クリシュナムルティ 著
飯尾順生 訳

J・クリシュナムルティの代表作の一つ！ 名著『自我の終焉』、新訳で待望の復刊！ 実在はあるがままを理解することの中にのみ見出すことができます。

定価 本体二三〇〇円＋税

何でもないものがあらゆるものである

トニー・パーソンズ 著
髙木悠鼓 訳

ノンデュアリティの大御所、遂に登場！ この本はかなり劇薬になりえます！ 探求者はいなかった。悟るべき自己はいなかった。生の感覚だけがある。

定価 本体一六〇〇円＋税

お近くの書店、インターネット書店、および小社でお求めになれます。

●新しい時代の意識をひらく、ナチュラルスピリットの本

ダイレクト パス
グレッグ・グッド 著
古閑博丈 訳
ダイレクトパスによって、世界、身体、心、観照意識、非二元の認識を徹底的に実験する！ 論理的でわかりやすく書かれた「非二元」の本！
定価 本体二六〇〇円＋税

つかめないもの
ジョーン・トリフソン 著
古閑博丈 訳
現実そのものは考えによってはつかめず、それと同時にまったく明白だということがわかるでしょうか？ 読んでいるといつのまにか非二元がわかる本。
定価 本体一八〇〇円＋税

今、目覚める
ステファン・ボディアン 著
高橋たまみ 訳
名著『過去にも未来にもとらわれない生き方』新訳で復刊！「悟り系」の本の中でも最もわかりやすい本の1冊。この本を通して、目覚めの本質が見えてくる。
定価 本体一七〇〇円＋税

ただそのままでいるための超簡約指南
ジェニファー・マシューズ 著
古閑博丈 訳
今この瞬間の経験しか存在していないということを哲学的、感覚的、そしてユーモアを交えてコンパクトに書かれた覚醒の書。
定価 本体一〇〇〇円＋税

自由への道
スピリチュアルな悟りへの実践ガイド
アジャシャンティ 著
坪田明美 訳
スピリチュアルな目覚め、エゴという夢の状態からエゴを超越して目覚めた状態へ移行することについて書かれた、スピリチュアルな悟りへの実践ガイドブック。
定価 本体一〇〇〇円＋税

ホームには誰もいない
信念から明晰さへ
ヤン・ケルスショット 著
村上りえこ 訳
ノンデュアリティ（非二元）について懇切丁寧に順を追って説明している傑作の書。分離のゲームから、タントラ、死、超越体験まで網羅している。
定価 本体一八〇〇円＋税

すでに目覚めている
ネイサン・ギル 著
古閑博丈 訳
フレンドリーな対話を通じて「非二元」の本質が見えてくる。非二元、ネオアドヴァイタの筆頭格のひとりネイサン・ギルによる対話集。
定価 本体一九〇〇円＋税

お近くの書店、インターネット書店、および小社でお求めになれます。